JN043348

中公新書 2675

齋藤慎一著

江　戸——平安時代から家康の建設へ

中央公論新社刊

はじめに

江戸幕府はいつからか

「鎌倉幕府はいつできましたか?」

「「いい国つくろう、鎌倉幕府」で一一九二年」

源頼朝《みなもとのよりとも》の征夷大将軍《せいいたいしょうぐん》任官をもって、鎌倉幕府の成立と考える。その昔、このように学校で教わった人は多いだろう。かく言う私もその一人である。しかし時代は移り変わり、現在ではこの年だけを正解と思う人は減りつつある。

一一八〇年　侍所《さむらいどころ》設置
一一八三年　東国支配権の承認

一一八四年　公文所《くもんじょ》（政所《まんどころ》）と問注所《もんちゅうじょ》の設置
一一八五年　文治《ぶんじ》の勅許《ちょっきょ》による守護・地頭職の設置・任免
一一九〇年　権大納言《ごんのだいなごん》兼右近衛大将《うこんえのだいしょう》任官

そして征夷大将軍任官の一一九二年。このような段階を経て、鎌倉幕府は成立したと説明され、なかでも〝いい箱つくろう〟の八五年説が有力説になっている。

では、次に「室町幕府はいつできましたか？」

私の脳裏には「一味山野に、室町幕府」のフレーズが浮かび上がる。足利尊氏《あしかがたかうじ》が征夷大将軍になった一三三八年という年代暗記法である。この年を室町幕府の成立と教わった。しかし現在では、尊氏の征夷大将軍任官をもって室町幕府成立とは記載せず、一三三六年を採用している。後醍醐《ごだいご》天皇が吉野《よしの》に下った時点で、後醍醐天皇に対抗する政治組織が京都に生まれ、そして政治指針としての建武式目《けんむしきもく》が成立する。この組織が幕府であるため、この年を室町幕府の成立と考える。歴史認識は変わるものである。

さて、そこで、「江戸幕府はいつできましたか？」

現行の教科書が記載するように多くの人も、一六〇三年と答えるだろう。徳川家康《とくがわいえやす》の征夷大将軍任官をもって、江戸幕府の成立と考えるからだ。

しかし、鎌倉・室町両幕府の成立年代が、初代将軍の任官を起点としなくなった。江戸幕府の起源も考え直さねばならない。

例えば、慶長《けいちょう》二〇年（一六一五）に武家諸法度《ぶけしょはっと》等を発布したことをメルクマールとするのも一案であろう。しかし、この時点では徳川秀忠《ひでただ》がすでに将軍となっている。大方の理解が得られないのではなかろうか。

江戸幕府の開幕については、実は新説は乏しい。

家康が見た江戸

では話題を変えて、次の問いはどうだろうか。

「徳川家康の頃、江戸の景観はどのようなものだったか」

そもそも今の私たちは、江戸城を望む代表的な景観とはと問われて、どのようなイメージを思い浮かべるだろうか。

おそらく一つには東京駅方面から皇居に向かったときに見える光景。石垣や水堀越しの遠くに三重の白亜の櫓《やぐら》が見える光景（図1）。あるいは見上げた位置に見える橋とその先に見える白亜の二重櫓という皇居二重橋《にじゅうばし》の景観（図2）などであろう。あるいは大手門《おおてもん》と応える人もいるかもしれない。現在に残る遺構から思い浮かべる江戸城の景観とはこのようなと

図１　巽二重櫓・桔梗門・富士見櫓の景観

図２　二重橋・伏見櫓の景観

ころであろう。いずれも江戸城を東京駅方面の東側から西側方向に向けて望む景観である。江戸の空間は東側から西に向かって、天守や本丸を仰ぐように設計されている。さらに詳しく石垣に注目するならば、本丸・二の丸・三の丸が東に向けて階段状に普請され、石垣面も東に向けて普請されている。その東側に城下町が広く展開していた。

対する反対側の西面は、芝土手が高くめぐる。三宅坂《みやけざか》や半蔵門《はんぞうもん》付近の光景がこれにあたる。明らかに城の裏側を意識したような構造である。東側と西側の構造は実に対比的である。このように、江戸城の代表的な景観とは東側からの風景であると認識されてきた。

ところが、徳川家康が見た江戸城の景観、とりわけ江戸の正面はこのようなロケーションではなかった。まず日比谷《ひびや》には東京湾から入江が切り込んできていた。海の埋め立てが行われ、のちに日本橋《にほんばし》を起点に南に向けて東海道が敷設される。つまり家康が見た江戸のメイン・ストリートは東海道とは異なるものであった。豊臣《とよとみ》政権下の大名であった徳川家康の江戸城は現在の典型的なイメージとは違っていたことが予想されてくる。

では、「家康が入城した頃の江戸城はどのようだったか」

通説は、瓦葺《かわらぶき》の建物もなく、玄関は舟板で造られたもので、実にみすぼらしいものだったとされる。江戸は徳川将軍家の府となって飛躍的発展を遂げ、寒村から大都市に変貌したという認識である。しかし、江戸以降の発展は動かしようがないとしても、寒村との評価は事実だろうか。この説は徳川家の功績をたたえた伝説が加味され、中世江戸を低く考えるものであるが、近年では家康の江戸入城は中世に達成した一定の成果の上に成り立ったものであるとする見解が相次いでいる。

さらに付け加えるならば、徳川家康に至るまでの江戸も一足飛びにできあがったわけではない。大きく分けてみると、一五世紀後半の太田道灌《おおたどうかん》を含む扇 谷上杉《おうぎがやつうえすぎ》氏の段階、一六世紀の戦国大名北条《ほうじょう》氏の段階、そして豊臣大名徳川家康が入封した一五九〇年頃の近世初頭段階という、少なくとも三段階を考えてみる必要がある。あるいはこれに平安時代末から室町時代に至る江戸氏の時代も加えるべきかもしれない。この段階ごとの相違を明らかにして、江戸の発展が語られることが望まれる。

「大江戸」までの道のり

以下、本書では大都市江戸が成立するまでの江戸を描くことを目的とする。中世から近世へと連なる時間のなかで、江戸がどのように発展し、その範囲を拡大してきたかを語ってみたい。

すでに述べてきたとおり、ドラマや小説などで描かれる江戸は、まさに完成した姿の「大江戸八百八町《はっぴゃくやちょう》」である。とかく「江戸を築いた徳川家康」などと表現することもあるが、ドラマや小説などで描かれる「大江戸」は家康の頃の江戸ではない。三代将軍徳川家光《いえみつ》、時代にして寛永《かんえい》年間（一六二四〜四四）以後の姿といってよい。さらにいえば、天守が再建されなくなった明暦《めいれき》の大火（一六五七年）以後である。

しかし、家康といえども中世の面影を残した江戸に対して、目標とする「大江戸」の設計図をもって挑んだわけでもない。江戸入府が天正《てんしょう》一八年（一五九〇）であり、仮に寛永元年（一六二四）までの三四年間という時間、さらにはそれ以前の平安時代末の江戸氏の時代からも視野に入れると、およそ五〇〇年の時間を経ており、江戸はダイナミックに遷《うつ》り変わったはずである。少なくとも家康に関していえば、将軍任官の前と後では、江戸への思い入れも大きく異なったに違いない。

本書では近年に研究が進んだ絵図や考古学的な成果を積極的に取り入れて、江戸の変遷を描く。その際、二つの要素に注目してみたい。江戸は武家の都市で、江戸城が中心となる。そして付随するように城下町が形成される。この城と城下町という両者が、時代のなかでどのような特徴を帯び、どのように形成されていったかを見ていく。時間の流れのなかであたかも衣替えをするかのように、江戸城と城下町は変遷していった。それぞれの姿について時代を追って語ってみたい。

本書の構成

具体的には以下のように編年的に叙述している。

第1章では、平安時代末以来の、秩父平氏《ちちぶへいし》一族である江戸氏の頃の江戸を探っていく。

続く第2章では、江戸の大きな転機となった太田道灌の頃、とりわけ散文に登場する「高橋《たかはし》」の地を中心に城下町を考える。

第3章では戦国大名北条領国下の江戸に切り込んでみる。この頃、新しい城下町「大橋宿《おおはしじゅく》」を設けるようになった。この「大橋宿」が登場する背景に迫る。

第4章では水陸の交通が結節する江戸に注目し、江戸時代には五街道の起点となる江戸とは異なった江戸の交通網を明らかにしたい。江戸は家康を迎えたため、中世の段階で少しずつであるが、確実に発展・拡大していた。この背景には江戸をめぐる中世の交通網があった。

第5章では入府した直後の江戸の様相を描く。徳川家康を迎えた江戸は、段階的に近世都市へと変貌していく。

第6章では、家康が豊臣政権の大名であった時代の江戸城を微細に辿《たど》っていく。

第7章では豊臣時代から変わりつつある城下町の様相を描く。関ケ原《せきがはら》合戦を経て、江戸は将軍の本拠地として発展を開始する。

第8章では一大城館へ変貌する江戸城の城構えを述べる。

第9章では、将軍の権威を象徴する江戸、豪華絢爛《けんらん》な江戸城と城下町の様相を示す。最後に「大江戸八百八町」へと、さらなる発展を遂げる江戸を展望する。

いわゆる、江戸時代の都市のイメージとは異なり、そして中世とも異なる、家康が見た、家康が手がけた江戸の実像を示すことになるだろう。都市江戸に表現された、中世から近世への変遷過程に迫りたい。

目次

凡例

・本書では読みやすさを考慮して、引用文中の漢字は原則として新字体を使用し、歴史的仮名遣いは現代のものに、また一部の漢字を平仮名に改めた。読点やルビも追加した。
・古文書の引用は、原則として読み下し文とした。また出典の頁数については慣例により、省略して掲載した。
・〔 〕は筆者による補足である。
・敬称は略した。

江　戸

――平安時代から家康の建設へ

第1章　秩父平氏と江戸の故地——平安時代

江戸築城はいつか

江戸城はいつ築かれたか。実はこの問題の回答は複雑である。太田道灌が築いた時、徳川家康が初めて改修した時期、征夷大将軍となって大改修した時、続く秀忠・家光による大改修。これらの段階を経て、徐々に大きくなったからである。

しかし、これではあまりに煙《けむ》に巻いたような回答であって、おおかたの納得は得られないだろう。おそらく多くの人は平安時代末期に江戸重長《えどしげなが》が、という答えを期待しただろう。でも本当にそうなのだろうか。実のところよくわからない。さらに考えるならば、江戸氏は江戸の地とどのように関わったのだろうか。それがわかれば、江戸城の起源についても何らかのヒントがあるかもしれない。

そこで、平安時代から室町時代へと至る江戸氏の頃の江戸について、少し考えてみたい。

江戸氏一族

時代は平安時代末。埼玉県北部を根拠地とし、荒川《あらかわ》沿いに勢力を拡大した秩父平氏の一族がいた。畠山《はたけやま》氏、河越《かわごえ》氏、葛西《かさい》氏、豊島《としま》氏など、いずれも鎌倉御家人として名を連ねる、中世の関東に勢力を誇った一門である。平清盛《たいらのきよもり》政権下、武蔵国《むさしのくに》は清盛四男の平知盛《とももり》の知行国《ちぎょうこく》（特定の皇族・貴族・寺社・武家に国務執行権を与え、その国の収益を得させる制度）であった。平氏を称した秩父平氏一族は、平知盛の知行国の管理と関わり、国内に勢力を広げたのである。江戸氏もその一族として江戸に基盤を置き、のちに源頼朝も隅田川渡《すみだがわと》河《か》に際して一目を置くほどだったと『平家物語』などに語られている。

名字でもあることから、江戸氏の根拠地は武蔵国豊島郡江戸郷に置かれたことは間違いない。そして、その場所が江戸城の地であったと長年にわたり考えられていた。自然な解釈である。しかし戦国時代の江戸周辺の状況を記した、小田原北条家の台帳である『所領役《しょりょうやく》帳《ちょう》』には、具体的な江戸の地点を示すような地名は見られない。江戸惣領《そうりょう》家は具体的にどこに拠点を構えたのであろうか。

熊野那智大社《くまのなちたいしゃ》に「江戸名字書立《かきたて》」と呼ばれる応永《おうえい》二七年（一四二〇）の古文書がある（『北

区史』資料編 古代中世1・104）。同社の御師《おし》である廊之坊《ろうのぼう》が自らの旦那《だんな》の名字などを書き並べたものである。書き立てられたなかに「大との」という表記があるが、これが「大殿」であり、江戸氏の惣領を意図していると考えられる。

書き立てられたこのほかの記載は、冒頭に「武蔵国江戸の惣領の流」とあることから、一族の名字であることは間違いない。熊野の御師が作成した古文書であるためか、表記された地名は必ずしも正確な記載ではない。しかし名字は江戸周辺の地名と対応することから、多くはいわゆる江戸氏の庶子家と考えられる。とはいえ遠方の一族と思われる名字が含まれるので、養家・姻家《いんか》も含まれると考えるのがよいかもしれない。

記載された江戸近辺に見ることができる地名を名字とする一族を、比定地ごとに整理して拾い出してみると次のようになる。

（名字）	（比定地）
芝崎《しばざき》殿	東京都千代田区大手町《おおてまち》付近
桜田《さくらだ》殿	東京都千代田区霞が関《かすみせき》付近
国府方《こうがた》殿	東京都千代田区麴町《こうじまち》、新宿区四谷《よつや》付近
いたくらとの	東京都港区東麻布《ひがしあざぶ》付近

小日向殿《こひなた》　東京都文京区小日向《こびなた》付近
石浜殿《いしはま》　東京都荒川区南千住《みなみせんじゅ》、台東区橋場《はしば》付近
金杉殿《かなすぎ》　東京都台東区根岸《ねぎし》・三ノ輪《みのわ》、荒川区東日暮里《ひがしにっぽり》付近
牛島殿《うしじま》　東京都墨田区東駒形《ひがしこまがた》付近
阿佐ヶ谷《あさがや》殿　東京都杉並区阿佐谷付近
中野《なかの》殿　東京都新宿区西新宿、中野区本町《ほんちょう》付近
六郷《ろくごう》殿　東京都大田区東六郷・仲六郷・西六郷・南六郷付近
鵜木《うのき》殿　東京都大田区鵜の木付近
蒲田《かまた》殿　東京都大田区蒲田本町《ほんちょう》・蒲田・東蒲田・西蒲田・南蒲田付近

列記した芝崎殿以下の比定地は千代田区・港区・文京区など、都域東部を中心に展開している。武蔵国内での郡名としては豊島郡・荏原《えばら》郡・多摩《たま》郡が関係する地である。江戸氏だけあって千代田区を中心として四方に広がっている様子がよくわかる。ただし豊島郡には同族の豊島氏一族が展開したことから、北区・豊島区・練馬区・板橋区付近に江戸氏を見ることができない。少なくとも江戸一族は現在の千代田区と隣接する地域に所領を持ち、所領を分割して庶子家を立て、勢力を固めていた。このように考えることができる。

多数の庶子家のうち芝崎殿については所領の譲状《ゆずりじょう》が残る（同1・24）。弘安《こうあん》四年（一二八一）、江戸郷芝崎村の内が江戸一族の平重政《しげまさ》より譲与される。記載された譲与の内容は在家と畠《はたけ》である。周辺には屋敷や田畠が広がっている様子がうかがえる。芝崎村であるので、おおよそ現在の大手町一丁目、丸の内一・二丁目付近である。高層ビルが建ち並ぶビジネス街からは想像もつかないが、海辺の田園風景が広がっていたことになる。

また、二〇年ほど遡《さかのぼ》る弘長《こうちょう》元年（一二六一）、芝崎村の南側に位置したであろう江戸郷前島《まえじま》村では江戸一族の平長重《ながしげ》が飢饉《ききん》に苦しんでいた（同1・16）。長重は平を姓とすることに加えて、秩父平氏の名前に共通して使用する文字である「長」を実名の上に据えることから、江戸氏の一族であることは間違いない。この長重の所領である前島村では、正嘉《しょうか》の飢饉（一二五八年以降数年間）により百姓が一人もいなくなり、御公事《おんくじ》を負えなくなっていた。そのために村を北条得宗家《とくそうけ》へ差し出す羽目に陥った。

ともに江戸郷内にある芝崎村・前島村は、江戸時代には大名屋敷が構えられるようになるが、当時は対比的に田園地帯が広がる光景が浮かび上がる。江戸の地名を意識しなければ、農村を基盤とした伝統的な中世武士の暮らしへと、いとも容易に辿り着くことができる。

他方、やや異なる様相も見える。江戸郷と同じ豊島郡内には石浜殿・金杉殿という庶子がいた。彼らの拠点とする地は隅田川の渡河点である隅田－石浜・橋場、そして武蔵府中《ふちゅう》や秩父平氏の拠点である北武蔵を結ぶ幹線道路沿いにあたる。また石浜殿は隣接する牛島殿とともに隅田川の沿岸に拠点を置く。彼らは東京湾内あるいは太平洋の海運と接点をなし、海上から河川・陸上交通の乗り換え地点を占める。この地点には古代以来の信仰および交通の要衝である浅草《あさくさ》がある。江戸一族がこれらの拠点に関与するのは、地理的そして歴史的な重要性ゆえと考えられる。

山王の故地

江戸惣領家の本拠地を考える際に、一つの示唆を提供するのが日枝山王社《ひえさんのうしゃ》である。現在は東京都千代田区永田町《ながたちょう》二丁目に鎮座するものの、江戸時代初頭は千代田区隼町《はやぶさちょう》、さらにそれ以前は江戸城内紅葉山《もみじやま》にあった。紅葉山の地へと勧請《かんじょう》されたのは、徳川家康が江戸城を築城したことにともなってであった。『落穂集追加《おちぼしゅう》』（萩原達夫・水江漣子一九六七、以下も典拠は同書による）には「北の方にあたる御曲輪《おんくるわ》の内に、小さき社《やしろ》が建ち、ご両社が見えます」という記載が見られるように、後述する平河《ひらかわ》天神社とともに現在の皇居東御苑《ひがしぎょえん》内の書陵部付近に鎮座していた。

そして一四世紀には「同国豊島郡江戸郷　山王宮住僧」として三名の僧が署判している古文書が見られる（『北区史』資料編　古代中世1・67）。太田道灌の時代よりさらに遡ることが、ここから確認できる。平安時代末にまで遡るかは明らかではないが、江戸氏の時代には江戸郷内に山王社が所在していたことは間違いない。

この古文書に注目し、江戸氏と日枝山王社との関係を指摘したのは前島康彦であった（前島一九七五）。「これは非常に議論のある所であるが、江戸の山王は江戸氏が居館をこの地に築き、その所領である江戸の荘の守護神として、荘園《しょうえん》の本家たる法住寺新日枝社《ほうじゅうじいまひえしゃ》を居館の近くに奉祀《ほうし》したということがまず正しい説であろう。江戸氏と一族である武蔵河肥《かわごえ》荘内に地頭河肥氏が山王社を奉祭したのも、この荘が同じく法住寺新日枝社領であったからである。河肥の山王と江戸の山王は同神である。（中略）その創立は恐らくは鎌倉初期まで遡ること確実である」と、秩父平氏と日吉大社との関係を重視して、江戸氏と日枝山王社との関わりを説いている。前島の主張するとおり、日枝山王社は江戸惣領家の本拠の一角を占めていたと考えるのは素直であろう。なお、河越氏の山王社は、河越氏館跡（埼玉県川越市上戸《うわど》）のほど近い場所に今も境内を構えている。

江戸郷

それでは本題、江戸惣領家はどこを本拠としたのだろうか。少なくとも地名の江戸を名字としていることから、江戸惣領家は豊島郡江戸郷内を本拠地としたはずである。この点は動かない。登場する江戸郷内の一族は先述したように郷内芝崎村を所領とする芝崎殿と郷内前島村の平長重だけである。おそらく郷内の大半は惣領家の所領だったと推測される。

そこで江戸郷であるが、その広がりが定かではない。基本的には上野から神田之台《かんだのだい》（駿河《するが》台《だい》）を経て前島に至る南北方向の台地で、湯島郷《ゆしま》（文京区本郷《ほんごう》）および千束郷《せんぞく》の南に位置したと考えられる。千束郷には石浜・鳥越《とりごえ》・浅草が含まれることから、同郷はおおよそ台東区と考えればよいであろうか。仮に日比谷入江に注いだ平川《ひらかわ》の流れを郡境とみなすと、豊島郡江戸郷とは千代田区域のうち、平川東岸と日比谷入江の東側に半島状に突き出した本郷台地の先端付近が範囲と考えられる。

問題は平川西岸である。この地を荏原郡と考えると江戸城の中核部は豊島郡の外になってしまう。おそらくは平川西岸にも江戸郷が及んでいたと考えたいが、その場合、豊島郡と荏原郡の郡界がどこであるかという大きな課題が横たわる。この点は課題として残るものの、江戸城や山王社の立地を考えると、平川西岸の一部は江戸郷の範囲に含まれると考えざるを得ない。したがって江戸惣領家の本拠地もこの広がりのなかで、まずは考えたい。

江戸氏に関わる中世遺跡

この平川西岸にある現在の国立近代美術館付近は、江戸城内にあっては重要な発掘調査地点である。一九七九〜八〇年に実施された発掘調査は、江戸遺跡の研究史に刻まれる貴重な調査であった（東京国立近代美術館遺跡調査委員会一九九一）。

その調査において、中世に属する地下式横穴状遺構・井戸・溝の遺構や瀬戸美濃《せとみの》産陶器、龍泉窯青磁《りゅうせんようせいじ》ほかの遺物が検出された。遺物群には一三世紀前半の遺物が含まれており、江戸氏が関係したことを予測される。どうやらこの地で江戸氏は活動を続けていたらしい。そして一五世紀の中頃から遺物の量が増加する。このことは太田道灌の長禄《ちょうろく》元年（一四五七）築城と見合う。

しかし発掘された遺物からは、ここがそのまま江戸惣領家の本拠地であったとみなす決定的な情報を欠いている。発掘調査は美術館建設にともなう緊急調査であったこともあり、範囲が限定され、決して十分ではない。現状では江戸氏の惣領家は平安時代末以来、まさに江戸城の場所に基盤をおいたと確定することはできない。考古学的にはまだまだ課題が残る。

また、近隣の一ツ橋《ひとつばし》二丁目遺跡でも、江戸氏の頃の痕跡《こんせき》が確認された（千代田区一ッ橋二丁目遺跡調査会ほか一九九八）。「13世紀末から14世紀前葉を中心とする時期に旧平川流域の沖積《ちゅうせき》低地に広がる溝で区画された集落跡が確認された」と報告している。一三世紀末から一四世紀前葉と評価された遺構は、両面庇《ひさし》の付いた建物と総柱の掘立柱建物、そして二条の排水溝であった。この二棟の建物はおよそ民家のようなものではなく、武家に関わる建物に思える。ただし掘立柱建物であるので、根腐れすることからさほど長期間にわたって存続した建物ではない。加えて一時期しか検出されていない点も気にかかる。

考古学的にはわずかな面積の遺構や数少ない遺物しか検出できていないので、確定的なことは言い切れない。しかし江戸氏と同時代の遺構や遺物が含まれている点から、江戸氏に関わる遺跡ではないかと考えたくなる。

江戸の故地

ここまで見てきたように、江戸惣領家の名字の地は江戸郷に由来するのは間違いない。さらに詳しく「江戸郷江戸村」という具合に「江戸村」の存在を仮定して考えてみたい。「江戸村」という地名は戦国時代の『所領役帳』に見えない。江戸郷内芝崎村や前島村のように、失われた地名ということになろうか。

実は戦国時代には「江戸郷」という地名も残っていない。江戸は荘園公領制段階の地名表記であり、戦国期になった段階で江戸廻《まわり》などの表記に見られるように、広域地名化していた。広域地名に転化したとすれば、その「江戸郷江戸村」の跡地にはいかなる地名が付されたのであろうか。江戸郷範囲内で戦国時代頃になって見られるようになる地名はどこであろうか。候補地は一つだけ、平河《ひらかわ》である。

そもそも江戸の語源は「江」すなわち川の「戸」である。これまで、「戸」については青《あお》戸《と》（東京都葛飾区《かつしか》）・今戸《いまど》（同台東区）・亀戸《かめいど》（同江東区）・松戸《まつど》（千葉県松戸市）などと同様に、東京低地の海上交通と水上交通の結節点である「津」が転化して「戸」となったと説かれていた。その影響を受けて、各地に残る「戸」は「津」の転化としたものであると説明されることが多かった。その地が海上交通と水上交通の結節点であることを否定するつもりはない。しかし「戸」＝「津」であると評価できるほどに、すべてが川湊《かわみなと》であったと言えるかは論証の限りではない。加えて、〝ツ〟と発音する語彙が〝ト〟の発音に転化するという説明にはやや無理があるように思う。むしろ「渡（ト）」との関連を考えてはどうだろうか。先の青戸・今戸・亀戸・松戸は海上交通と水上交通の結節点であるとともに、武蔵国と下総国を結ぶ幹線道の渡河点という陸上交通の要衝でもある。

秩父平氏は、平氏政権下で武蔵各地に一族を展開させた。その地点を見てみると、河越氏は入間川《いるまがわ》の渡河点に関わる。葛西氏は東京低地の渡河点である青戸との関連が指摘される。畠山氏の名字の地である畠山（埼玉県深谷市《ふかや》）は、鎌倉大道《だいどう》の上道《かみみち》の要衝である赤浜《あかはま》（埼玉県寄居町《よりいまち》）に隣接する。同所は荒川の重要渡河点である。また平氏政権下で斎藤実盛《さいとうさねもり》が赴任した武蔵国長井庄《ながいのしょう》（埼玉県熊谷市《くまがや》）は利根川の長井の渡《わたし》の武蔵国側である。さらに詳細地は不明であるが、豊島氏の名字の地は東京都北区豊島であり、隅田川西岸である。改変が著しい地であるので中世の状況をとどめていないが、立地から河川と関わることは間違いなく、古くから河川交通との関わりが指摘され、近年では豊島の地が渡河点であったことも論じられている（今野二〇二一）。平氏政権下の武蔵国では、渡河点を把握するため、意図的に秩父平氏らが配置されていたことは間違いないだろう。

そのように考えると、江戸惣領家が江戸に配置されたのはやはり渡河点だからと考えるべきであろう。まさに「江戸郷江戸村」とは、平川の渡河点であった平河の地であったということになる。平河の渡河点は鎌倉大道が通過していた。陸上交通の要地である。

さらに、江戸の地点をめぐっては先に検証してきた日枝山王社の立地や竹橋門《たけばしもん》（東京国立近代美術館遺跡）・一ッ橋二丁目遺跡に見られる中世遺跡の情報が加えられる。さまざまな情報が江戸惣領家と平河の関係性を指摘し始めている。

第2章　太田道灌の江戸築城——一五世紀後半

太田道灌の登場

江戸を考えるとき、伝説的に語られ、かつ重視されるべき人物は、やはり太田道灌（一四三二〜八六）である。道灌が生きた時代は、戦国時代の前半。近年は全国的に見て戦国時代の始まりに位置づけられる享徳《きょうとく》の乱（一四五四〜八二年）のなかで、太田道灌は活躍した。

室町時代、相模国《さがみのくに》鎌倉には室町幕府の出先機関とされた鎌倉府があった。足利一門にして、府の長であったのは鎌倉公方《くぼう》足利氏であり、最後の鎌倉公方として足利成氏《しげうじ》がいた。その鎌倉公方を支えたのが関東管領《かんれい》を務めた上杉家であり、戦国時代前夜には山内《やまのうち》上杉家が代々にわたって関東管領に就任していた。鎌倉府を支えた上杉家はこの山内上杉家のほかに、犬《いぬ》懸《かけ》上杉家などが存在したが、太田道灌の時代には山内上杉家と扇谷上杉家の二家が勢力を持っていた。太田道灌はこの扇谷上杉家の家務職《かむ》(家宰)であり、いわば江戸時代の家老にあたる立場にあった。江戸を築いた人物として顕彰される太田道灌であるが、室町幕府の将軍をトップとする武家社会にあって、守護に匹敵するような抜群といえる政治的立場にあったわけではなかった。

戦国時代の幕開けは、この鎌倉公方足利成氏が関東管領上杉憲忠《のりただ》を殺害するという事件が引き金となった。以前より公方家と関東管領家の関係には厳しいものがあった。その対立が頂点に達したのが、享徳三年(一四五四)一二月二七日。成氏は憲忠を自邸に招き、その場で暗殺に及んだ。同時に成氏派の軍勢が関東管領邸を襲った。計画的な行動だった。

室町幕府はこの行動を自らへの反乱と位置づけた。将軍足利義政《よしまさ》は各所に文書を発し、逆族足利成氏を討伐するよう命令した。この義政の命令は関東各所にとどまらず、駿河・信濃《しなの》・越後《えちご》・陸奥《むつ》などの関東を取り巻く諸国にまで広がっていた。義政は一気に討伐を成功させようと考えた。しかし、事態は義政の思惑どおりに進まなかった。鎌倉府内で長年にわたって続いた対立は、足利成氏を支持する確固とした勢力を生み出していた。また周辺諸国の軍勢も素直に義政の軍勢催促には応じなかった。

鎌倉で勃発した戦乱は次第に戦場を北関東へと移動させ、おおよそ利根川《とねがわ》を境界として、対陣するに至った。成氏は下総国古河《こが》(茨城県古河市)に城を築き、山内上杉家は武蔵国五《い》十子《かっこ》（埼玉県本庄《ほんじょう》市）に本陣を構え、長期戦の様相を呈していく。緒戦の不利のなかで山内上杉方は境界の利根川を意識して、五十子を拠点に、この地を最北端として、中流域に川越城（埼玉県川越市）、下流域に江戸城を取り立てたのだった。これが契機となり、相模国を本拠地としていた扇谷上杉家は川越城を本城とすることになった。そして江戸も川越と同様に扇谷上杉家が固める拠点とされ、太田道灌によって江戸城が築城された。江戸城はこのような政治的緊張状態のなかで築かれた城館だった。

道灌が江戸城を築いたのは長禄元年（一四五七）とされる。詳細に触れるならば、『赤城《あかぎ》年代記』は三月一日の完成、『鎌倉大日記《おおにっき》』は四月一八日の築城という日付を記しており、微妙なずれが生じている。さらに『異本塔寺八幡宮長帳《とうでらはちまんぐうながちょう》』では、一四年の歳月をかけて文明《ぶんめい》元年（一四六九）に、要害のみならず寺社や町屋までもが完成したと記載している。いずれも年代記という編纂《へんさん》物のため、史料の性格上、具体的な内容の正否を問うことはできない。しかし、この時期の道灌による築城によって、江戸の様相が大きく変わったことは間違いなかろう。

道灌の江戸城

太田道灌が築いた江戸城の様相は「江戸城静勝軒詩序《じょうしょうけん》並《ならびに》江亭記等写」（『新編埼玉県

史』資料編8）に記載される。

武州江戸城は、太田左金吾道灌源公が初めて築いた。（中略）その城の地は、海と陸の恵み豊かで、水上交通と陸上交通が交わるところである。他州や異郡へは、蔑《さげすみ》を加えるしかない。

城の塁壁の高さは十余丈（三〇メートル余）あり、この崖は屹立《きつりつ》するほどである。周囲は垣を廻《めぐ》らし、数十里にも及ぶ。外側には巨大な堀があり、その堀は浚渫《しゅんせつ》され、悉《ことごと》くみな水脈に通じ、水を清く青々と湛《たた》えている。堀には巨大な材木を使って橋を架け、それをもって城への出入りとして備えている。そして門は鉄のように固め、壁や階段は石材をもって普請される。城内の道は、左の岩盤、右の曲がり道を経て、ついにはその中心となる塁へと登り着く。道灌公の軒はその中央に聳《そび》えている。閣は軒の背後に距離を置いて建つ。直舎《じきしゃ》がその傍らに翼のように構えられる。そのほか戍楼《じゅろう》（櫓）・保障（防柵《ぼうさく》）・庫廋《こそう》（倉）・廏廠《きゅうしょう》（厩舎）などの若干の建物が付属する。

西望すれば則《すなわ》ち原野を越えて雪嶺《せつれい》天が境となり、三万丈の白玉の屏風《びょうぶ》の如き富士山がある。東視すれば則ち墟落（空か）を阻んで、大海が天を浸す。三万丈もの碧瑠璃《へきるり》の田の如きものあり。南嚮《なんきょう》すれば則ち広々とした原野がゆるやかに、草原が敷かれる如くに広がる。一目は千里を見通す。野と海は接し、海と天と連なる。これらの景色はすべて道灌公が机上だけで楽しむことができる。ゆえに、南にある軒を静勝と名づけ、東を泊船と名づけ、西を含雪と名づけた。道灌公はこの場所で休息し、この場所で遊ぶ。

城内静勝軒に掲げられた漢詩文の現代語訳である。原文は文学作品であるので、必ずしも実像を描写しているとは限らない。よって文章には多分に誇張の可能性があり、割り引いてイメージをつくる必要がある。

その漢詩文から、太田道灌の頃の江戸城がどのような構造であったかを読み取ってみたい。まず基本的な構造として、江戸城は切岸《きりぎし》と塁、そして水堀が周囲を廻っていたらしい。地形から考えると、この水堀とは平川のことを指しているのかもしれない。堀には橋が架けられ、門が構えられた。門内のつづら折りになっている傾斜地を登り、太田道灌の居所に至った。この様相は江戸城東側の低地から台地上に登っていく様子を書き込んだのであろう。

主殿に想定される建物は「公之軒」と表現される。この主殿は「静勝軒」と名づけられた。主郭内には「静勝軒」に加えて、その背後に構えられた「閣」があった。「軒」と「閣」が対比されるのは、平屋の屋敷と二階建てなどの重層的な建物との区別であろうか。そして「静勝軒」の側面には翼のように「直舎」が建てられていた。そのほかに櫓、番所、倉庫、

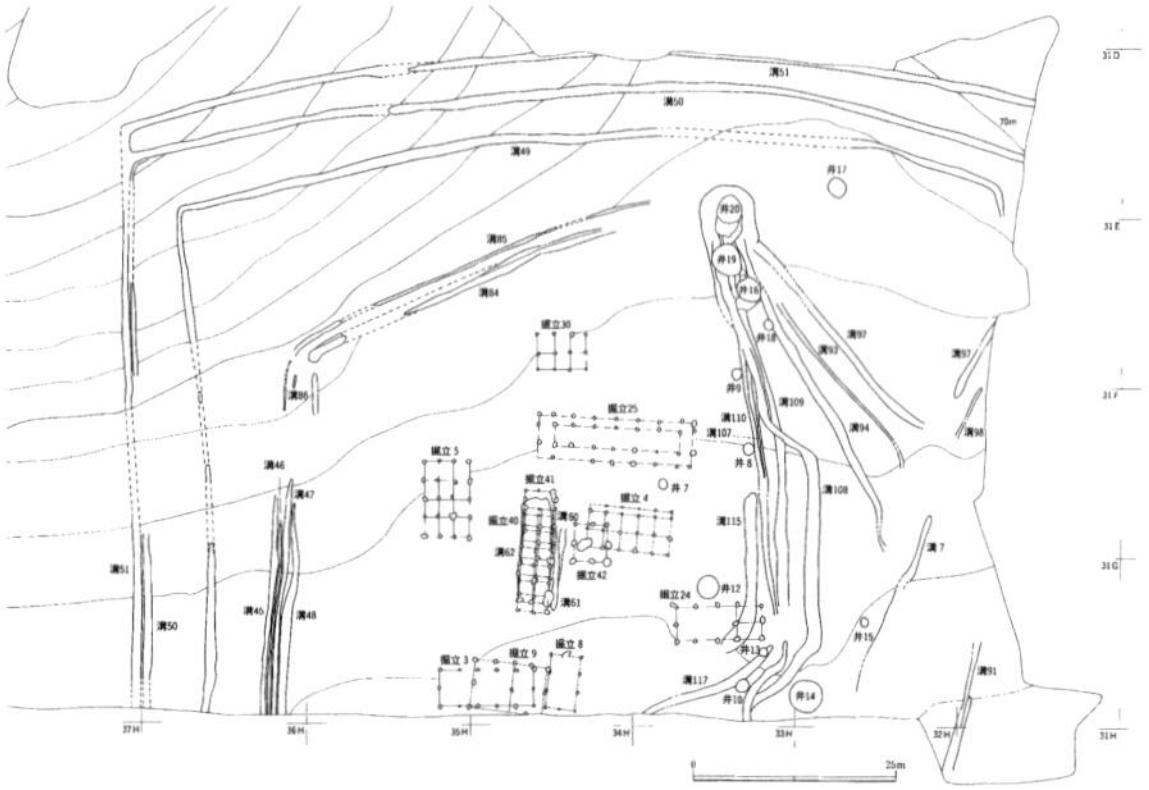

図3　大久保山遺跡 ⅢＡ地区　平面図

厩舎などの建物が若干あったと記載している。

この描写された中心部の様相は、近年の考古学調査との比較が可能である。具体的には、鎌倉御家人庄氏の本拠地と考えられる大久保山《おおくぼやま》遺跡（埼玉県本庄市）である（早稲田大学本庄校地文化財調査室一九九八）。遺跡の調査の結果、溝に囲まれたなかに主殿と考えられる中心的な建物があり、それに対して方向を九〇度ほど違えた細長い建物が発掘された（図3）。前者の主殿はまさに「公之軒」であり、後者の翼のごとくの「直舎」が対応する。「そのほかに建物が若干」という景観も発掘調査結果と相応している。まさに「江戸城静勝軒詩序並江亭記等写」の様相が重ね合わせられる。つまり、太田道灌の江戸城中心部は、鎌倉時代以来の御家人が構えた屋敷に系譜を引く構造であるといえよう。

しかし江戸城の構造について、注目すべきはこの記載だけではない。『梅花無尽蔵《ばいかむじんぞう》』（『新編埼玉県史』資料編8）は広大な空間を描写している。

倉の中には美しく並べられた富があった。粟《あわ》を植えて、穀物を貯えていた。城門の前には市場が設けられ、市の店舗では交易の楽しみがあった。薪を担いで持ち込み、柳《りゅう》絮《じょ》と交換していた。皆が言うには、一都会であると。

城中には五、六の井戸があって、大旱魃《かんばつ》があっても、その水が絶えることはない。城の構えは型式に則っており、曰《い》わく子城《ねじょう》、曰わく中城《ちゅうじょう》、曰わく外城《とじょう》からなる。およそ三重の構造であり、二十五の石門があり、門には跳ね橋が架けられていた。崖は切り立っており、下を覗いても地面が見えない。

弓場が築かれており、いつも幕下の武士である数百人が、手に弓を持って射る訓練をしていた。上中下の三班に分かれて、ある者は甲冑《かっちゅう》を着して勇みたって射る者があるし、また片肌を脱いで射る者もあれば、跪《ひざまず》いて射る者もあった。弓の訓練を怠る者があれば、罰金三百片があった。役人に命じて貯え、試射の際のお茶代とした。ひと月の内に戈《ほこ》をとって、鉦《かね》を打ち鳴らし、士卒を見ることは三、四回に及んだ。その命令は甚だ厳しいものであった。

まず、城門の前には市場が設けられていることが示され、すでに城下町に相当する市場が構えられている。扱うものがどのようであったかはともかくも、城下町の存在は間違いない。加えて城の構造が示される。子城・中城・外城の三重の構造であったと記載している。とかくこれまでは本丸南端の富士見《ふじみ》三重櫓付近を子城にあて、北に向けて台地上を堀切で区画して、中城と外城の二つの郭《くるわ》が直線に連結する連郭式の城館が考えられていた。しかし注意すべきは、記載は三連続ではなく三重とされていることである。

この子城・中城・外城の語彙《ごい》は、東アジアでの都城制を語る時に使用される語である。『梅花無尽蔵』の作者は臨済《りんざい》宗に関わり、禅林の文芸を深く知る万里集九《ばんりしゅうきゅう》である。このことを踏まえれば、都城制の影響を受けた方形区画が予想される。そして、集九が三重と記したことについては、同心円のような三重の方形区画の構成を考えるべきかもしれない。「城の構えは型式に則っており」と意訳したのは、このような背景による。あるいは江戸城は三重の区画が堀で仕切られ、門と橋で結ばれていたのではと推測される。少なくとも南北に延びる細長い台地上に単純に三連郭を構えるという構造ではないだろう。門と橋は二五ヵ所あり、下が見えないほどに崖は切り立つと記載されるが、この点は誇張と考えるべきかもしれない。

また、城内での軍事訓練の様子が記載される。この状況は他ではあまり例を見ない描写であるが、城内にこのような数百人もが訓練するための広い空間があったと考えられる。数百人は誇張だとしても、広い空間を考えた場合、外城のなかに設けられたのだろう。この点から、江戸城は鎌倉・南北朝時代の武士の屋敷とは異なった、広い面積を有する構造の城館であったと考えられる。

道灌と江戸

「城門の前には市場」ついては、先の「江戸城静勝軒詩序並江亭記等写」に記述がある。

城の東の境に川がある。その流れは屈曲して南の海へと流れる。海では旅商の大小の舟が帆に風を受け、漁猟の舟も行き来のために夜には篝《かがりび》を焚《た》く。これらの舟が竹や雲間に見え隠れし、出没する。そして高橋のたもとに至って、とも綱を繋ぎ、櫂《かい》を置く。その様は鱗《うろこ》のように集まり、蚊が出合うかのようである。そしてその地では日々、市が立つ。すなわち、安房《あわ》の米、常陸《ひたち》の茶、信濃の銅、越後の竹箭《ちくせん》、相模の軍勢、泉《いずみ》の珠《たま》・犀《さい》角《かく》・異香《いこう》から、塩辛・漆・枲《からむし》・梔《くちなし》、茜《あかね》、筋膠《きんこう》、薬餌《やくじ》の衆に至り、あらゆるものが集まり、いろいろな人々が頼りにしている。

「江戸城静勝軒詩序並江亭記等写」後半部分、「城の東畔」以下が城下平河の活況を語るものであるという視点は、以前より説かれている。詩文ゆえに多分に誇張があると考慮せねばならないだろうが、「日々成市」との表現から城下に町場があったこと、加えてその町場が「高橋」両側の橋詰周辺であったことは理解できよう。

史料中に「高橋」が登場し、江戸城下のランドマークとして描写されている点は注目される。江戸城の東側には河川が南流して海に注いでおり、その途中に「高橋」が架かっている様相が述べられる。詩文のイメージから、大きな城下町の姿が描かれてきた。ここではまず、近世都市江戸との直接的な連関は保留しながら、町場が存在したという点にだけ注目しておきたい。

そして、まず重要な問題として取り上げるべきは、「高橋」の場所である。

平川の流れ

この「高橋」の記載であるが、厳密に言えば、固有名詞であるか、あるいは「高い橋」という橋の景観を形容した表現であるか、微妙な問題を残している。この点を認識しながらも、以下では固有名詞としての「高橋」を考えることにしたい。

「高橋」の所在地については、平川の流路と関わって古くから論争がある。『東京市史稿』は、慶長年間（一五九六〜一六一五）前半期の景観を描いたと考えられる「別本慶長図」と、「武州《ぶしゅう》豊島郡《としまぐん》江戸庄図《えどのしょうず》」（寛永江戸図）が三の丸の大手門の位置に「元大橋」と記載することと、この二点を重視する。これを根拠としつつも、「故ニ本書ハ、姑《しばら》ク江亭記ノ高橋ヲ以テ元大橋即チ後ノ大手橋ニ擬シ、以テ後考ヲ俟《ま》ツ」と論じている（東京市役所一九一四）。近年に至る議論の起点となる見解である（図4・5）。

この『東京市史稿』による見解は、近年に至って谷口榮《さかえ》によって再論されている。谷口は「結論的に自説を整理すると、家康以降の江戸城内濠《うちぼり》が道灌時代の平川と想定され、道灌の『江戸城静勝軒銘《（ママ）》詩序並江亭記等写』に記されている「高橋」は、近世江戸城の「大手門」のところ、『別本慶長江戸図』の描写に疑問を提示しつつも、同図の「御城入口御門」辺りになると考えている。この平川の想定ラインが道灌時代の江戸城の東側の範囲と想定される」（谷口二〇一八）と述べている。「高橋」を「大橋」に、そして大手門の位置に比定し、かつ両橋と同一とみなして『東京市史稿』の仮説を再提起している。しかし、谷口に至っても、なぜ「高橋」は「「大手門」のところ」とするかは根拠が明示されていなかった。

『東京市史稿』の説に対して異を唱えたのが菊池山哉である。菊池は「この川は平川であり、今の外濠川から一石橋《いっこくばし》で東をさして江戸橋で海へ注いだものであり、高橋とは常磐《ときわ》橋のこと

図4　慶長期の江戸城

である」と述べた（菊池一九五六）。つまり、平川の流路は自然流路として東に向かい、日本橋川に接続し、東京湾に注いだという。竹橋付近から南流して日比谷入江に注ぐのではなく、東へ流れたと菊池は考えていた（図6）。この後、多くの論者がこの説を支持することになった。

両説が並び立つなか、「本来の平川の河流は皇居前広場―日比谷入江に注ぎ、国電新《しん》橋《ばし》駅付近から東京湾に流入していた」と解し、竹橋付近より南へ流れたと主張したのは

図5　**板碑の分布と中世の景観**　平川が日比谷入江に注ぎ、その沼岸に中世遺跡が展開する様相がうかがえる

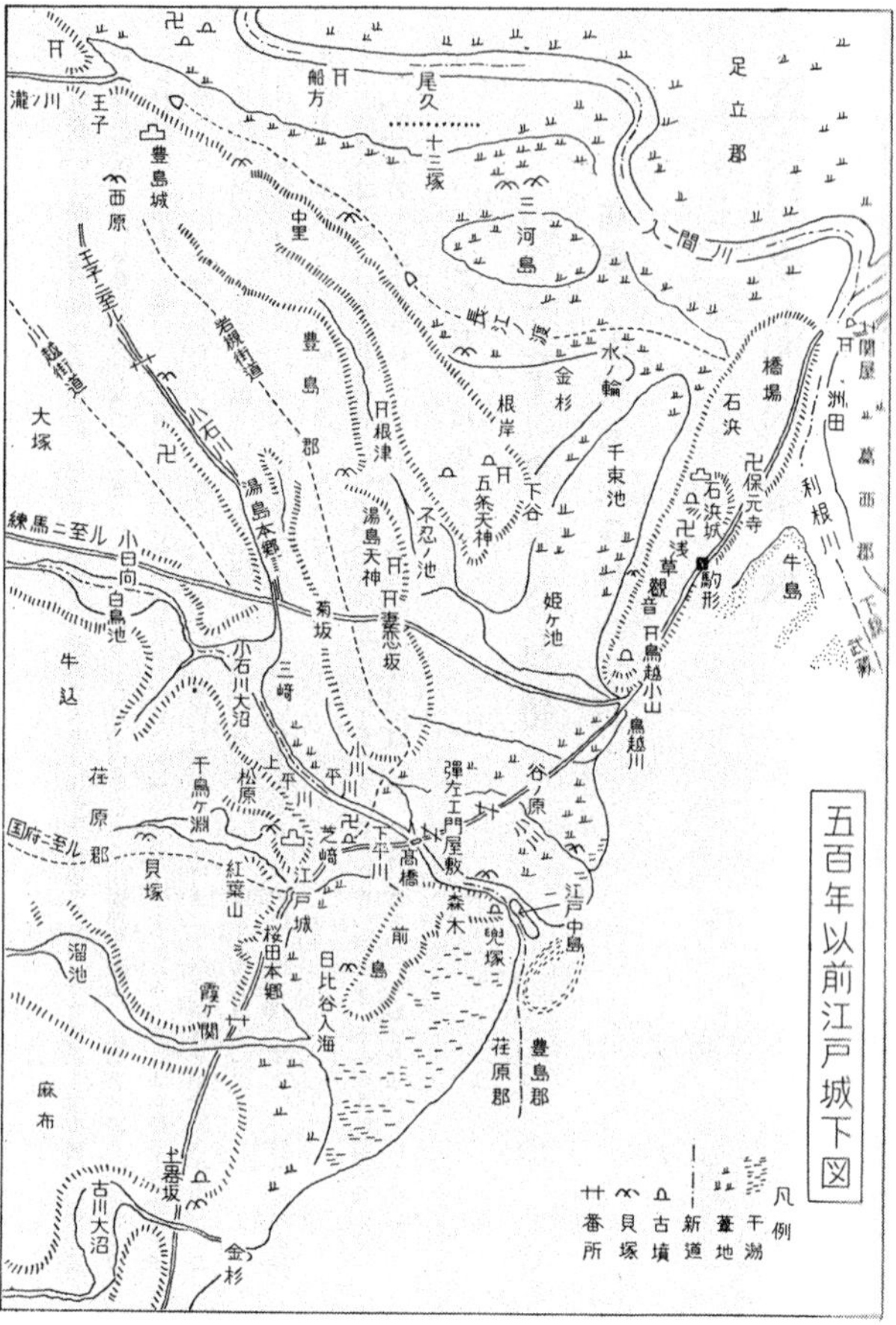

図6　五百年以前江戸城下図

鈴木理生であった（鈴木一九七五）。鈴木説はボーリング調査結果、さらには豊島郡境を平川と考える立場から、江戸郷前島村が荏原郡ではなく豊島郡に属していることなどを根拠としている。その上で、東に流れる平川の流路の変更は人為的なものであり、太田道灌によって行われたと論じた。人工開削による流路変更の指摘は重要な指摘であり、継承すべき点である。

なお、平川の流路の変更にともなって日比谷入江および平川流域の沖積地が開発されることになるが、この状況については後藤宏樹が考古学的に論じている（後藤二〇〇四）。ただし後藤も常盤橋を「高橋」と述べ、この段階の鈴木説を踏襲している。

その後、鈴木は、「平川河口は江戸城と江戸前島の間を流れて日比谷入江に注いでいた」と前説を確認しつつ、日本橋川への接続は太田道灌によるもので、「江戸城と江戸前島とを陸続きにすること、および江戸湊の範囲を拡張することを意味し、さらにそれまでの河口部の洪水防止と、日比谷入江の陸化を防止し、旧平川河床は江戸城の外濠に転用」するためと論じた（鈴木一九七八）。この説で「高橋」については、「寄題江戸城静勝軒詩序」の該当箇所を解釈し、「城の東に平川、江戸前島があり、平川の流れは曲折して南の方、海に入り、大小の商船や漁船は江戸前島周辺に群がり、平川河口には高橋（舟がくぐれる橋の意味）がかかり、湊に出入する多数の船舶により、日々市をなす盛況」という理解を示している。

ここから「高橋」の位置について、どのように理解しているかは必ずしも定かではない。しかし、橋の架かった場所は平川河口であると理解していることは確認できる。太田道灌が流路変更を行ったとする立場を考えれば、この時点での鈴木による「高橋」の理解は菊池説の高橋＝常盤橋に近いことも予想される。このように考えると、前説の高橋＝大手門の理解について差異が生じることになる。

その後、鈴木は基本的に流路変更という自説を維持しながらも、その変更時期についての理解を改め、「天正18年（1590）の直営工事は二つの工事だった。一つは平川の付け替えで、目的は日比谷入江埋め立ての前提として、平川の流入を止めることにあった」と論じた（鈴木二〇〇〇）。想定する年代からもうかがえるように、流路変更の施工者を太田道灌から徳川家康へと変更し、かつその目的も「入江の陸化を防止」することから「日比谷入江埋め立て」へと大きく転じている。

この場合、路線変更は家康の時代となるので、平川河口の「高橋」という従来の視点を維持するならば、「高橋」は日比谷入江に注ぐ平川の河口に架橋されていたことになる。よって太田道灌の時代の「高橋」を、常盤橋に比定することは不可能となる。

概して、平川の河道と「高橋」についての考え方は、おおよそ三説に整理できる。

Ⅰ説　自然流路として東に流れ、日本橋川に流れ込み、常盤橋を「高橋」とする（菊池一九五六）。
Ⅱ説　自然流路として南流し、大手町付近の日比谷入江に流れ込んでいたが、流路変更後に日本橋川に流れ込み、常盤橋を「高橋」とする（鈴木一九七八）。
Ⅲ説　自然流路として日比谷入江に流れ込み、「高橋」はその河口の大手橋付近に架かるとする（鈴木二〇〇〇）。

このうち、Ⅰ説の自然流路説は鈴木により否定され、さらに後藤によっても考古学的に否定されている。したがって、現在は自然流路の平川は日比谷入江に注いでいたことが定説となっている。とするならば、焦点は「高橋」は常盤橋となるか、あるいは大手橋付近の平川河口に架かった橋であったかということになる。つまりは二つの鈴木説、すなわち流路変更を行った主体は太田道灌であるか徳川家康であるかということが課題となる。本来であれば、鈴木自身が転説しているのであるから、最後の鈴木説が結論となるのであろう。しかし谷口榮が批判するように、鈴木は転説した論拠を明確にしていない（谷口二〇一八）。つまり議論の焦点は平川の流路変更がいつであり、どのような背景であったかということになり、再論する必要がある。

以上のように研究史は多くの蓄積を重ねつつも、谷口の説に見られるように、およそ百年にしてなぜか一巡し、「高橋」は『東京市史稿』が論じていた地点に立ち戻ってしまったということに気づく。しかし『東京市史稿』が「後考ヲ俟ツ」としたように、「高橋」＝大手門とする根拠が谷口説でも明確ではない。百年経っても大きな課題のままなのである。

「高橋」の場所

ところで、平河の町場を構成する要素として寺社があった。とりわけ著名なものは、千代田区平河町に移転している平河天神社である。そして、この城下の繁栄に太田道灌が関わったことも間違いなかろう。「高橋」を明らかにするため、平河の町場にかつて所在した平河天神社から考え始めてみよう。同宮は文明一〇年（一四七八）六月二五日、太田道灌が建立した（『北区史』資料編 古代中世1・218）。『梅花無尽蔵』には創建のいわれが語られる。

太田道灌が部屋のなかで座って、午睡《ごすい》をしていると、菅原道真《すがわらのみちざね》に接したことを夢に見た。その翌日早々にある人が突然にやってきて、菅原道真自筆の画像を献上した。まさに霊夢というべき。これによって遂に江戸城の北畔に廟《びょう》を建て、美田数十を寄進した。歳時には祭りの鼓《つづみ》が鳴った。梅数百株が栽培され、その様相は四川《しせん》省成都《せいと》の錦城《きんじょう》の梅《ばい》花海《かかい》にも似ていた。

同時代の書とはいえ、あまりに物語的であるので、おそらくは後付けの話であろう。そもそも平河天神社は主家扇谷上杉家の本拠川越にあった天神を祀る三芳野《みよしの》神社（埼玉県川越市郭町《くるわまち》）からの勧請だと考えられる。この三芳野神社は川越城築城により天神曲輪の地に鎮座し、のちには「お城の天神さま」と呼ばれた。つまり江戸城の平河天神は、太田道灌の考えによる創建ではなく、道灌の主家である扇谷上杉家の信仰との関わりによると考えられる。

また『落穂集追加』のなかでも天神社について触れられている。文学を愛好した太田道灌は菅原道真を慕ったのであろうかと徳川家康が推測したことなどを記している。ここで『落穂集追加』でより重要な点は、天神社が鎮座する地点に関する記載である。「北の方にある御曲輪の内に、小さき社が建ち、ご両社が見えます」と、家康の側近榊原康政《さかきばらやすまさ》は述べる。この記載から具体的な場所は、おおよそ現在の皇居東御苑内の書陵部が建つあたりと推測される。当時はまだ北の丸は普請されていない。その後、『落穂集追加』には、徳川家康が江戸に入府した当初に、平河天神社は平川口の堀端への移転を強いられ、その後に現在の千代田区平河町へと移転するに至ったという顚末《てんまつ》を記している。

城下平河について、『落穂集追加』でもわずかながら触れている。天神社の顚末を尋ねた

図7　平川門

問いに対して、「家康が入国した頃には城下町はなかった。ただ平川門の外に平河町という町があった」と答えている。城下町はないが、平河町はあったという、一見すると矛盾する記載は、城下町とはいえないほどの小さな規模ということであろうか。しかし、城下平河は平川門の外にあったことを伝え、戦国期以前の町場の確実な所在地を具体的に指示している。

この記載から平川門の地が、城下平河に架かる「高橋」であったことが浮かび上がる（図7）。正面に神田駿河台という高所が存在する地形から考えると、江戸城内から門外の城下平河へと渡河した道は、神田駿河台を登り、台地上を本郷台方面へと向かっていったのだろう。

平河の故地は平川門周辺であり、城下平河に架かる「高橋」とはのちの平川門橋へとつながる橋であった。このように考えるのは、地名から考えれば実に素直な結論であるように思う。

城下平河

この平河の町は戦国期を下ると、上平河と下平河に二分して登場する。江戸城を接収した直後、北条氏綱《うじつな》は伊豆《いず》の伊東祐員《いとうすけかず》を江戸城下の「下平川」の代官に任じている（『北区史』資料編 古代中世1・301）。町場の管理を考えてのことであろう。この時に平河の町は上と下に二分されている。時代は下るが天文《てんぶん》二一年（一五五二）には築土《つくど》神社に伝来した桶《おけ》の墨書銘に、「上平川」の地名も確認できる。この桶は残念ながら戦災によって焼失したが、平将門《まさかど》の首桶として伝承されていた。

この「上平川」「下平川」の地名であるが、永禄《えいろく》二年（一五五九）に成立した『所領役帳』にも記載されている。

（『所領役帳』の地名）	（『所領役帳』の貫高）	（比定地名）
上平川	一〇五貫四五〇文	上平河
下平川	一一六貫二六〇文	下平河
芝崎一跡《いっせき》丸子分	一一七貫四二一文	芝崎

神田	六貫五八四文	神田（芝崎）
桜田	四九貫七〇〇文	桜田
日比谷本郷	六七貫七八〇文	日比谷
局沢《つぼねざわ》	六貫七〇〇文	局沢
前嶋森木《もりき》	三五貫文	前嶋森木

『所領役帳』内の、江戸界隈で関連する地名を拾い、整理したものである。百貫文以上が三ヵ所記載されるが、そのうちの二つが上平河と下平河にあたる。ちなみにもう一ヵ所の「芝崎一跡丸子分」とは平河の東南に隣接する芝崎村の系譜をひく所領であったと考えられる。平川の沿岸付近の貫高が高いのは、平川よりの利水による開発の影響であろうか。少なくとも、『所領役帳』からは上平河と下平河が重要な単位であったことは確認してよいだろう。

「江戸城静勝軒詩序並江亭記等写」に「日々成市」と描写された町場は平河であり、この町場が上平河・下平河に継承されたと考えられる。太田道灌の江戸築城にともなって城下となった平河である。しかし太田道灌以前の文献には平河の地名が見られない。このことはまだ地名が定着していなかったことの反映なのかもしれない。

そして、道灌期の町場は「高橋」の付近であったことから、町場は橋の両側の道に沿って延びていたと推測される。すなわち、「高橋」から平河天神社に向かう西岸と東岸に分けられる。この時、道の関係から考えれば、京都につながる西が上、東が下になるので、「高橋」の西側が「上平川」、「高橋」の東側が「下平川」に相当すると考えておきたい。今後の検討の余地を残すが、太田道灌の段階に町場が構成され、その町場が北条段階までも継承されていたと、まずは考えたい。

平河の範囲

『落穂集追加』が語った平河の町場は平川門の外となるので、現在の東京メトロ東西線竹橋駅、すなわちパレスサイドビルの付近である。おそらくは「下平川」に該当する場所であろう。この界隈では数ヵ所で板碑が出土したほか、発掘調査が行われており、江戸時代以前の様相が調査されている。平河の空間を把握するため、主として「下平川」の解明ということになろうが、これらの遺跡を北から順に見てみたい（図8）。

ちなみに、対する「上平川」であるが、同所は先に論じたように江戸城内にあたると考えられるため、その後の改変が著しく、かつ考古学的情報も乏しい。現状では考古学的に論じることができる状況にない。

清水門出土板碑　江戸時代に清水門《しみずもん》の土手が崩れ、そこから数枚の板碑が出土した。近年の

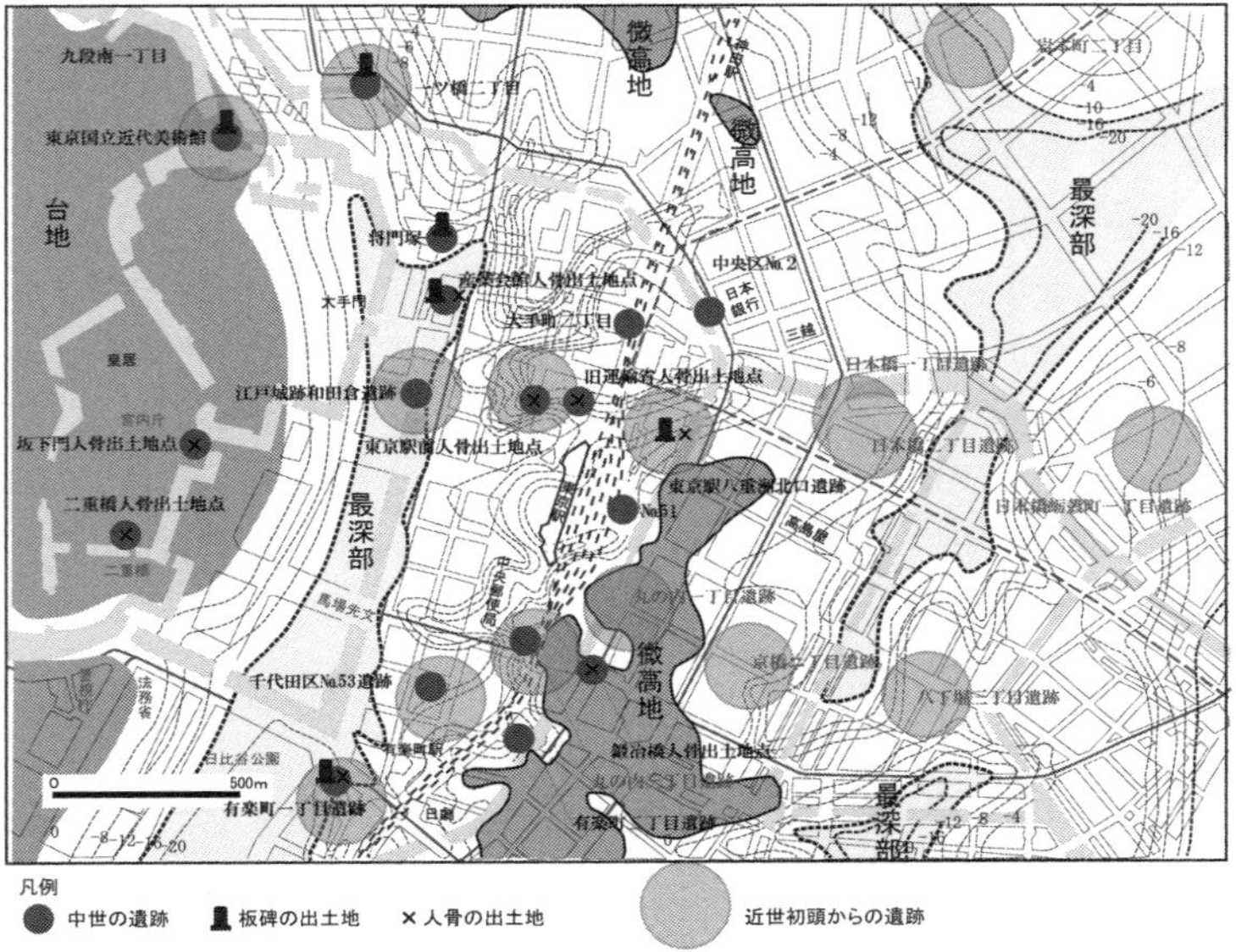

図８　大手町・丸の内周辺の板碑と中世遺跡の分布

千代田区の調査では六枚について報告している（伊藤二〇一四）。詳細な出土地点は不明であるが、おそらくは清水門の牛ヶ淵《うしがふち》の斜面であろう。この地点が板碑の造立当初の場所であったか、あるいは江戸城北の丸の造成にともなって土砂とともに運び込まれたかなど、埋没の原因については不明とせざるを得ない。しかし清水門という地点は、平河の集落の縁辺部にあたっていたためかもしれない。

九段南一丁目遺跡　清水門の外側付近で、平川の沿岸にあたる。この地点では中世の田が検出された。報告書には「水田址《し》は、B区における近世遺構面以下のトレンチ（D）掘削における土層観察によってその堆積物《たいせき》を視認した。全域の面的検出が作業工程上困難であったため、調査可能な範囲でトレンチを拡張し（トレンチE）、部分的に平面的に検出、調査を実施したが、トレンチでの状況から、その分布は、B区のほぼ全域に広がるものと推察される。また自然科学分析の結果から、北側A区にも棚田状に広がっていた可能性が指摘される」（千代田区九段南一丁目遺跡調査会『九段南一丁目遺跡』二〇〇五）と記載される。先に『所領役帳』の記載から、平川沿いの上平河・下平河には水田が展開していた可能性を指摘したが、その点に関わる調査結果と考えてよかろう。年代は雷文青磁碗《らいもんせいじわん》・細描蓮弁文青磁碗《ほそがきれんべんもんせいじわん》・瀬戸製の天目茶碗底部が出土することから、一五世紀から一六世紀に至る水田と見られる。また遺構の状況から、北の丸東側の牛ヶ淵・清水濠が平川の旧流路と推測される。しかし、建物は検出されていない。すなわち九段南一丁目遺跡の地点は集落の北西の外にあたることになる。

一ツ橋二丁目遺跡　中世の江戸を考える上で、重要な遺跡がこの一ツ橋二丁目遺跡である（千代田区一ッ橋二丁目遺跡調査会ほか一九九八）。重点となるのは道の遺構であり、この遺構については後述するが、まずは全体について概観してみたい。報告書では「13世紀末から14世紀前葉を中心とする時期に旧平川流域の沖積低地に広がる溝で区画された集落跡が確認された。出土遺物によると、12世紀代、16世紀にも遺跡の存在が確認」されたと報告している。四棟の建物と溝、さらには井戸と推定されている土坑が確認されている。報告書では一五世紀に存続した可能性については語ってはいないが、一六世紀については指摘している。まさに城下平河の時期と重なっている。しかし、町場でイメージされるような道に軒を連ねる建物という様相ではなく、かつ検出した建物も散在する状況から、およそ賑やかな宿のような様相は想定できない。重要ながらもこの遺跡は集落の中心部であるとまでは確認できない。

一ツ橋徳川屋敷跡　千代田区大手町一丁目の丸紅東京本社ビルの建設工事にともなって調査された遺跡である（株式会社CELほか二〇一八）。この地点は江戸時代においては武家地であり、大名屋敷すなわち一ッ橋徳川家の屋敷が構えられた場所である。調査もその状況に見合う結果が得られた。しかし重要な点は中世に関連した遺物が出土したものの、「調査地点の北東側においては稲作が行われていたと考えられる」と考察しており、建物跡は確認されていないと報告する点である。どうやらこの地点までは平河の集落の範囲が及んでいなかったらしい。周辺に広がった水田地帯の一角ということになろうか。

大手町一丁目遺跡　遺跡名に地番が含まれるように大手前《おおてまえ》の郭の北辺、神田橋門の南側に所在した（加藤建設株式会社二〇一四）。場所柄から大名屋敷の様相が明らかになり、一七世紀前半にまでは遡ったものの、残念ながら中世の遺構は検出されていない。「近世の盛土層の下層から自然堆積層である黒褐色土層が検出され、自然科学分析により平安時代頃には離水していた環境にあった」と述べている。どうやらこの付近にも城下平河の痕跡は見出せない。

将門塚《しょうもんづか》　都市伝説ともいえる平将門伝説の石塔が今もたたずむが、この石塔そのものは中世にまでは遡らない。しかし近年、名号板碑の伝来から「遊行《ゆぎょう》二世他阿《たあ》真教《しんきょう》ゆかりの日輪《にちりん》寺《じ》（現・台東区）や、真教が将門の怨霊《おんりょう》を鎮魂供養したという、将門の首塚との関係が伝えられる」（伊藤二〇一四）という指摘があり、さらに「徳治《とくじ》二年（一三〇七）、時宗二世他阿真教が疫病が流行し、荒廃していたこの地を訪れ、将門の霊を鎮魂し、道場を建立した。この道場が日輪寺となり、神田明神の別当寺となった」（小山貴子二〇一五）と主張されている。どうやらこの付近は江戸郷芝崎村の範囲であったらしい。

旧東京都立産業会館建設現場出土板碑　三の丸大手門の正面にあたる千代田区大手町一丁目二番地にあたる。将門塚とおそらくは一体の墓域に関係すると考えられることから、芝崎村の内となろう。芝崎村内であっても、将門塚も含めて村の周縁部にあたったと思われる。昭和二八年（一九五三）に東京都立産業会館の建築現場から人骨・板碑などが出土した。この様相を残したのは鈴木尚である。「人骨は合計すると、四〇体にもなるが、棺桶《かんおけ》があるし、板碑もその後、延文《えんぶん》元年（一三五六）の銘のあるものも発見されており、そうすると、この墓地の古さは一四～一六世紀の頃となり、したがって人骨もまた、その期間に相当する中世の人びとのもの、ということになる」（鈴木尚一九六三）。板碑の年代は応永《おうえい》三四年（一四二七）と永正《えいしょう》六年（一五〇九）であるので、後者は城下平河の年代と並行する。おそらく大手町一丁目付近は城下平河と芝崎の中間地帯で、集落地ではなく墓域であったと予想される。

このように概観してくると、少なくとも平川東岸すなわち下平河の集落とは、平川門を出たパレスサイドビルの地点を中心とし、その北側は一ッ橋二丁目遺跡ほかの周辺遺跡には届かないという、きわめて狭い空間のなかで存在したと思われる。パレスサイドビル内の飲食店街は、城下平河の町場の大きさを今の私達に体感させてくれているのかもしれない。

梅林坂と西湖梅

ところで『梅花無尽蔵』には平河天神社に関わる興味深い記載がある。同書では太田道灌の夢に菅原道真が登場したことにより、平川を北に望む地に平河天神社を建立し、社領を寄

図9　**梅林坂**

進したと記している。祭礼の時は鼓が鳴って賑わったという。また梅樹を数百株ほど栽培した。この地は現在も近世江戸城の上梅林門《かみばいりんもん》・下梅林《しもばいりん》門《もん》・梅林坂《ばいりんざか》などに名前を残すため、この周辺と考えられる（図9）。江戸城が築かれた台地上から東側の低地へと下る道筋沿いに梅が栽培されたものと考えられる。また道灌はこの梅林に面する地を「香月斎」と名づけ、梅林を観賞していたらしい。

平河天神社の場所について、『落穂集追加』では「北の方にあたる御曲輪の内に、小さき社が建ち、両社が見えます」と記載し、本丸から北側の御曲輪内に両社があり、このうちの片方が天神社とある。今一つの社とは山王社であるが、これについては「北の御丸の内にある山王の社」という記載がある。天正一八年（一五九

○）の家康入国直後のことであるので、いわゆる北の丸は存在しない。「北の御丸」はのちに本丸拡張により埋められてなくなった北曲輪を指すと考えるのがよいだろう。これらから梅林坂の位置を勘案すれば、おおよそ現在の東御苑内の宮内庁書陵部付近に天神社と山王社は旧在したと予想される。『落穂集追加』は「小坂の上に梅の木を数多《あまた》、植え廻し、その内に宮が二社あり」と記していた。

このように太田道灌は平河天神を台地縁に創建し、その周囲から平川に向けての坂に沿って梅を植え、梅林とした。そしてこの梅林で注目しておきたいのは、梅林のなかに金沢文庫から分けてきた西湖《せいこ》（中国杭州《こうしゅう》市）の梅も植えられていたと『梅花無尽蔵』に記載されている点である。西湖の梅と錦城の梅の記述は、『梅花無尽蔵』の作者、禅林の文芸に明るい万里集九の考えによることは否めない。しかし道灌が当時の禅宗の影響下、江戸の風景に中国の景観をなぞらえようとした可能性は高い。金沢文庫にあった西湖の梅を梅林坂に移植したのは道灌の行動であろう。

樹木があれば日比谷入江や東京湾は見えなかったであろう。おそらく前島や遠く房総半島が眼前を横断する光景を目にしたのではなかろうか。その前島の方向に向けて平川は流れていった。その川に「高橋」が架かっていた。眼前を横に流れるような光景を、道灌は西湖の風景に見立てていたのかもしれない。少なくとも道灌は、江戸平河に天神社を建立し、菅原道真に由来する梅林を植樹して、江戸城下に文化的要素を加えていた。

この付近は現状では江戸城本丸および三の丸の石垣が廻らされる。竹橋・平川門間の内堀通りから望む景観は江戸城の威容をもっとも示している。その石垣の威容こそが江戸城による徳川家の権威の表現であったと考えられる。しかし石垣普請以前のこの地点は台地端の斜面である。梅林坂はこの台地の上下を繋ぎ、尾根上を通過した道と推測される。台地上の平河天神社付近から麓《ふもと》の「高橋」までの道筋が城下平河、おそらくは上平河の一帯であったのだろう。

薬師堂と増上寺

城下平河の一側面が明らかになった。ところで、この城下平河を考える際に、興味深い視点が『落穂集追加』に語られている。

右の平川町の内に薬師堂があった。その薬師堂の別当が天神社を預かりたいと願い出て、天神社を薬師堂の片脇に移し置いていたところ、その近辺の氏神であった神社や町家の場所が御用地となったので、麴町へ移転となった。

徳川家康が江戸入封した後、城下平河が整理されて、現在の平河町の地に移転する際の状況が若干ながら語られている。ここに登場する薬師堂の存在に注意を払っておきたい。

薬師如来《にょらい》は東方瑠璃光《るりこう》浄土に住むとされ、東方に所在する仏である。これに対して西方の極楽浄土は阿弥陀《あみだ》如来の世界であることは周知のところである。平河に薬師堂があったことがここに記載されているが、江戸城の位置関係において西方の阿弥陀如来に相当する対象は存在したであろうか。当時の状況に照らしたとき、現在の麴町周辺とされる貝塚にあった増《ぞう》上寺《じょうじ》が注目される。増上寺に現在ある本尊木造阿弥陀如来坐像は、明治四二年（一九〇九）に寄贈された像とされ、中世の段階に江戸に所在した像ではない。しかし浄土宗であることから当時も本尊は阿弥陀如来像であったろう。この増上寺が中世においては江戸城の西にあった。

ここに見られるように、薬師如来と阿弥陀如来を東西両端に配置する宿は各所に存在する。榎原雅治は「連釈之大事」と題された近世初頭に書写された商人の由緒書に注目し、東国の宿の復元を行った（榎原雅治二〇二一）。そしてこのような空間配置を持つ宿は中世に起源を持つと指摘している。

平河にかつて安置された薬師如来と阿弥陀如来は、いわゆる鎌倉大道の下道《しもみち》で結ばれていた。近年、中世の幹線道については大道という語彙を当て、近世以降の街道とは区別している。それゆえに以下では鎌倉大道と呼ぶことにしたい。すなわち、平河は鎌倉大道の下道で結ばれた西の貝塚の増上寺と東の平河の薬師堂の間に設計されていた可能性がある。この点を踏まえれば、「高橋」＝平川門の西側が「上平川」、同じく東側が「下平川」であったとする私案がより補強されることになる。ちなみに『千代田区史』は「江戸城下といわれるものは、平河や貝塚あたりが、その代表的なものであった」（千代田区役所一九六〇）と貝塚の重要性に注目している。あるいは、増上寺の旧所在地である貝塚の地は城下平河の一角であったのだろうか。城下の広がりを考えさせる。

阿弥陀如来と薬師如来で挟まれた平河。この町場を設計したのはいつだろうか。太田道灌、それとも江戸氏の時代であろうか。

川越城と江戸城

享徳の乱に際して、扇谷上杉家は川越を本拠地とし、有力な支城として江戸城を構えたことはすでに触れた。もっとも両城はともに築城当初にあっては足利成氏に対抗する拠点として築かれ、山内上杉家の拠点である五十子陣とともに戦略的な目的で構えられた。しかし、ともに戦った両家であるが、続く長享《ちょうきょう》の乱（一四八七〜一五〇五年）において両上杉家は対立し、激突することになる。川越城および江戸城は扇谷上杉家の重要な二大拠点として維持されることになった。太田道灌没後のことであるが、おそらくは両城ともに次第に拡張されていったであろう。

無論、この当時の両城の様子を知ることはできない。しかし、両城には以下に掲げるように、いくつかの共通点がある。

- 台地の東縁を選地し、その地に郭を構えた。西側には台地上の平地が広がる。
- 東側にはともに、新河岸川《しんがしがわ》・平川が流れ、自然の防衛線を持つ。
- 城の選地が東西方向の道と関連する。

この共通点は、多分に享徳の乱という情勢が関連していると考えられる。利根川から少し西に控え、その地点で防衛に利する河川と段丘を頼りに築城した。そして関東平野西部への侵入を食い止めるために、道筋を抑えた。そのようにまずは考えることができる。とすれば、城の構造そのものも両城は似ているかもしれない。

川越城は寛永一六年（一六三九）に松平信綱《まつだいらのぶつな》が大改修を行った。それ以前の様相が絵図に残されている。その代表的なものが静嘉堂《せいかどう》文庫所蔵の「武州川越城図」（図10）である。この図は江戸時代初めの川越城が、次のような特殊な構造であったことを示している。

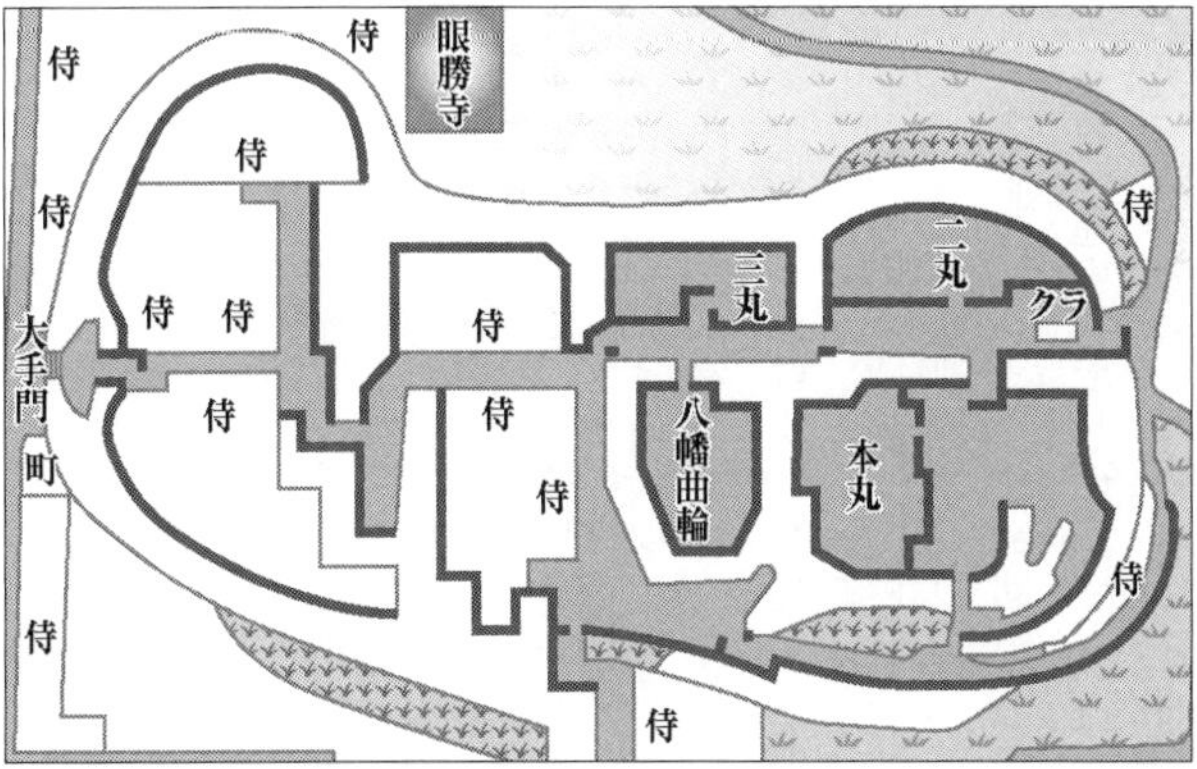

図10　近世初頭の川越城

・東西の道が城内を貫通している。
・東西道を軸として、道の南北に堀を廻らした屋敷が連なる。
・複数の屋敷が全体として、一つの城を構成する。

一族や家臣がそれぞれの屋敷を含む堀で囲まれた空間、すなわち郭を構え、その複数の郭群が全体としてまとまって、団地のような形をとり、全体として川越城になっていた。群郭《ぐんかく》式と呼ばれる構造である。一つ一つの郭が小さな権力体であり、全体として領主一揆《いっき》で結ばれた大きな権力体であった。そのような扇谷上杉家という権力のあり方が川越城に表現されている。すなわち扇谷上杉家は、同家に加えて、家臣である太田家・三戸《みと》家・

曽我《そが》家等々のそれぞれが郭を構え、全体として一つの権力体に結ばれていたと考えられる。

さて、この川越城の構造は江戸城と関連するであろうか。少なくとも、戦国期の江戸城の構造を具体的に語る絵図は皆無である。わずかな文献資料があるのみであり、直接的に比較することはできない。しかし、あるいはと思わせる点がないわけではない。

例えば、後述するように徳川家康は北条家が構えた江戸城の本丸を含む三つの郭を一つに埋め立てた。つまり、本丸下に戦国期江戸城は眠っている。そして本丸北側には東西に幹線道が通過していたらしい。これも後述になるが、鎌倉大道の下道に関連するこの道は、江戸城本丸の北東側では梅林坂を下っていた。また本丸西側の西詰橋門《にしづめばしもん》周辺は城内でも古い石垣であり、近世初頭まで遡る道である。おそらく鎌倉大道の下道は西詰橋門から本丸北側(「慶長江戸図」の北曲輪内)を通過し、梅林坂を下って、城下平河に至ったのだろう。

戦国期江戸城はこの幹線道の南側にあった点にとらわれず、この道を前提に屋敷の入口や南向きの日当たりを考えればどうであろうか。当初の江戸城は東西道の北に位置した可能性が浮上する。北側に所在する国立近代美術館の改築に際して調査された竹橋門(東京国立近代美術館遺跡)では、戦国期の遺構・遺物が確認されている。

また一連の「慶長江戸図」にはこのことを暗示するかのように、堀や竹林などの記載が北の丸に描かれている。これを中世遺構と評価できれば、江戸城の一部の存在が考えられるのであるが、所与の情報はここまでである。この仮定を踏まえれば、江戸城も川越城に類似して東西道の南北に遺構が展開した群郭式の城館の段階があったということも考えられる。

太田道灌は文明一八年（一四八六）に、扇谷上杉定正《さだまさ》の糟屋館《かすややかた》（神奈川県伊勢原《いせはら》市）で暗殺された。その後、江戸城には太田氏や曽我氏などの家臣が関わっている。また長享の乱の終結後になると、江戸城は川越城に代わって扇谷上杉家の本城となった。太田道灌が取り立てた江戸城は、戦国時代が深まるなかで拡充されたであろう。とりわけ扇谷上杉家の本城となった江戸城は、以前の本城である川越城に近似した構造だったかもしれない。扇谷上杉家の本城となった江戸城に、太田道灌の頃の様相はどれだけ引き継がれただろうか。

第3章　小田原北条の領国へ――戦国時代

江戸落居

江戸城は何回落城したか。

慶応《けいおう》四年（一八六八）の江戸無血開城は有名である。難攻不落の江戸城もこのとき落城した、などという文言を目にすることがあるが、実はそれ以前にも落城している。

一回は天正一八年（一五九〇）の小田原合戦にともなう開城である。このときは徳川家康が家臣を派遣して交渉にあたっていた。

そして今一回が大永《たいえい》四年（一五二四）正月である。扇谷上杉氏の拠点であった江戸城を北条氏綱が攻略した。詳しい状況は残念ながらよくわからない。一説に高輪原《たかなわはら》（東京都港区）で合戦があり、氏綱が上杉朝興《ともおき》を破ったとする記事（『鎌倉九代《くだい》後期』）があり、この合戦が

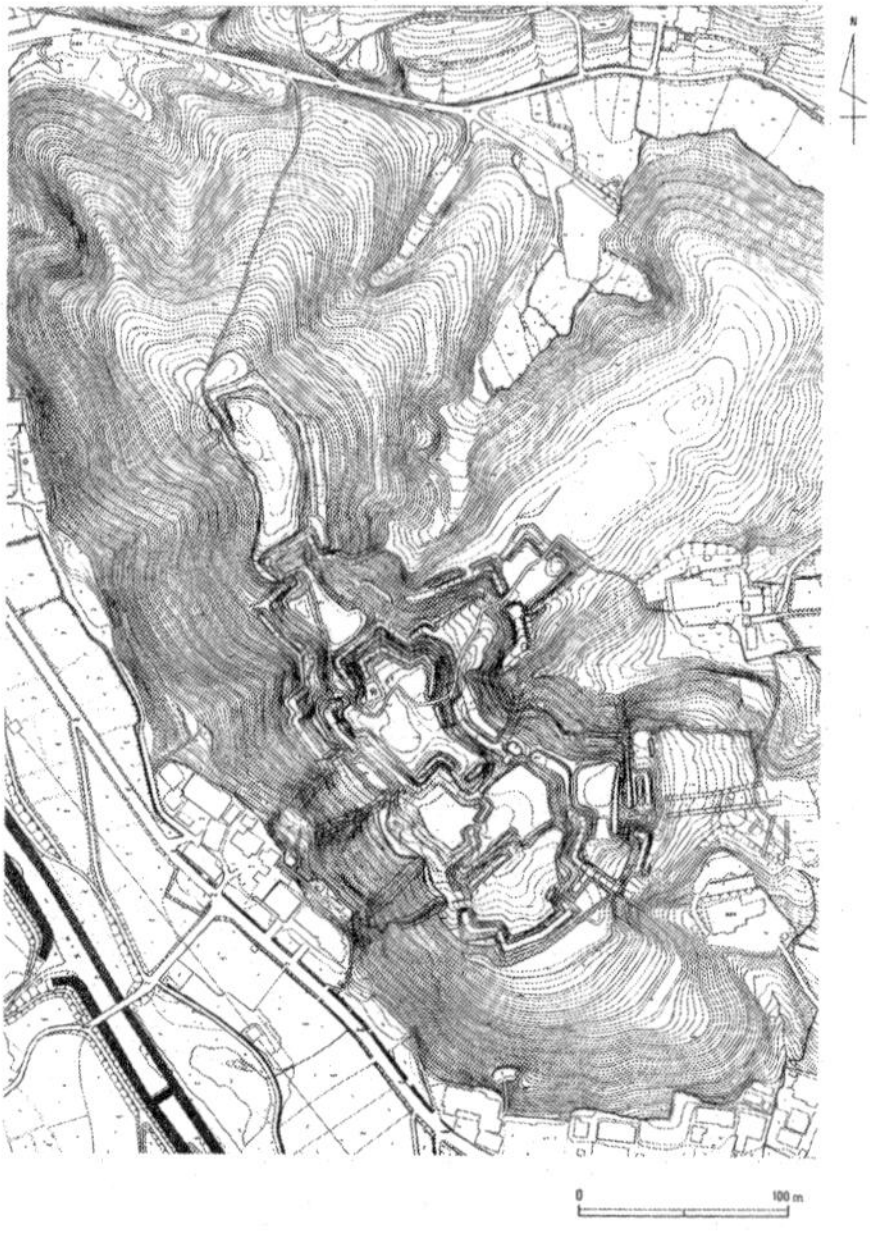

図11　杉山城跡地形測量図

関係する可能性がある。

　大永四年より三年ほど遡る永正一八・大永元年（一五二一）、山内上杉憲房《のりふさ》と扇谷上杉朝興が合戦になった（『勝《かつ》山記《やまき》』）。両者は北武蔵を主たる戦場としていた。山内上杉方では「杉山《すぎやま》陣」と呼ばれ、杉山（埼玉県嵐山町《らんざんまち》）に布陣した状況もあった。おそらくは扇谷上杉方の松山《まつやま》城（埼玉県東松山市）に圧力をかけるために、山内上杉憲房が杉山城を築き、対陣したのだろう（図11）。

　この対立は大永四年正月一〇日に和睦《わぼく》に至った。この政治情勢の変化が北条氏綱による江戸城攻略に結びついていた。「年代記配合抄」は「正月十三日、江戸落居」と書き記している。わずか三日後である。またこのときの江戸城落城について、扇谷上杉家家臣の三戸義宣《よしのぶ》は「太田大和入道《やまと》、覚悟なき故に、江戸落居」と述べている。どのような覚悟を欠いたのかわからないが、江戸城を守る太田資高《すけたか》の動向により、扇谷上杉家は本城であった江戸城を失ってしまった。以後、扇谷上杉家は江戸城を回復することはなく、再び同家の本城となった川越城が北条家の次なる標的となった。

古河公方家の御座所

北条領国下の江戸は独特の位置を保っていたようである。交通利便地という特性から、北条家当主が出陣に際して利用し、江戸で状況を見極め、各方面へと陣を進めている。利根川ほかの河川が東京湾に注ぐ東京低地を東に備え、北条家にとっては軍事的にも都合のよい場所であったことは間違いない。大永四年（一五二四）一〇月、関東平野の西端にあたる毛呂《もろ》（埼玉県毛呂山町）で山内上杉家との軍事的緊張が起きた際にも、北条氏綱は江戸で状況を見極めている。関東平野の各方面に目配りをするため、軍事的に都合のよい地が江戸だったことになる。

しかし、江戸城は北条領国において、玉縄《たまなわ》（神奈川県鎌倉市）・滝山《たきやま》（東京都八王子市）・鉢形《はちがた》（埼玉県寄居町）のように北条家の一門が派遣された支城というわけではなかった。一時期、北条氏秀《うじひで》がその立場にあったようであるが、大半の時間は遠山《とおやま》氏が城代として赴任しており、また隠居後の北条氏政が在城して指揮にあたったとの指摘もある。特定の一門の支城として任せるよりは、小田原が直接に管理するという考えがあったのかもしれない。それほどに政治的な重要性があったということになろう。

この重要性はある特殊性も生み出していた。発給された年月日の記載がないので、確実な発給日は不明であるが、文中に北条氏康《うじやす》が登場することなどから永禄年間（一五五八～七〇）の発給と考えられる書状がある。「寒さが増す時期なので、これから江戸に御座《ござ》を移すにあたって、仮屋であっても構わないので普請を急ぐことが重要である。このことを自筆で氏康・氏政へ命じた」という状況が報じられている。その追而書《おってがき》には「御座所は何があっても必ず年内に完成させる」と付け加えている。寒くなる以前、年内の完成を求めていることから、おおよそ九月前半頃の発給であろうか。そして「たびたび丁寧に命じていたにもかかわらず、江戸の普請は一向に行われていないと聞いている」と、不審さとともに若干の怒りも込めている。書状の書き手は古河公方足利義氏《よしうじ》である。

まず注意を払いたいのは、足利義氏が自らの御座所の地として江戸と述べている点である。義氏の御座所は葛西（東京都葛飾区）をはじめ、年代を追って各所を転々とした。そのなかで江戸の御座所については、存在こそ指摘はされていたが、研究の上ではほとんど注意が払われていなかった。その理由の一つには、この書状の記載から読み取れるように、順調に営まれたものではなかったことも関係していた。

また発給時点において、御座所が計画された当初の段階ではなく、ある程度の時間を経た時点であることがうかがい知れる。さらに義氏は、在所によって「葛西様」「鎌倉様」などと呼称されることはあるが、「江戸様」と呼ばれることはなかった。これらのことが関係しているのだろう。事実、足利義氏はほとんど江戸を在所としていなかった。しかし、この書状では「御座所」の設営を督促していた。

この時期の義氏の動向である。永禄六年（一五六三）卯《う》月（『野田市史』5-122）から永禄七年（同5-163）にかけては上総《かずさ》国佐貫《さぬき》（千葉県富津《ふっつ》市）に御座を構え、同七年七月には鎌倉（神奈川県鎌倉市）に御座を移した（『戦国遺文』古河公方編874・『野田市史』5-163）。その後は永禄一一年五月一四日付まで「鎌倉様」の尊称が見られるとともに、「鎌倉へ御披露あるべく候」とあることから、鎌倉に御座を構えていると考えられる（『野田市史』5-184）。永禄九年六月以降、守谷《もりや》城（茨城県守谷市）移座および永禄一三年の古河城（茨城県古河市）移座が検討される。

先の書状において江戸城での御座の普請の遅れを指摘していたが、江戸城御座が決定されたのは守谷城および古河城への移座の問題を意識していない段階、政治的な課題となっていない時期と考えるのが妥当である。つまり鎌倉へ御座を構えて以後の状況ではないことになる。さらに佐貫の御座所は軍事行動にともなうものであるから、日常の拠点は別の場所であることも考える必要があろう。また、関宿《せきやど》（千葉県野田市）出城は永禄四年七月初頭と推測されている（佐藤博信一九八九b）。これらのことから、本状が発給されたのは、永禄四年から永禄六年の間であろう。いずれにせよ本状が語る江戸の御座所の緊急工事の状況は、永禄年間の前半と考えるのが妥当ということになる。

この江戸城の御座所化が従来は注目されていなかったが、先の義氏自身の書状に見られるように、整備されることは具体的に計画されていた。この計画は、当時の北条家の周辺ではある程度共有されていたらしい。例えば、長尾景虎《ながおかげとら》（上杉謙信《けんしん》）の越山にともなって足利義氏が関宿城を出城した。その出城に先立つ五月二五日、箱根権現別当融山《ゆうざん》が、「関宿様（足利義氏）のこと、恙《つつが》なく御輿《おこし》が江戸城にお入りになられるよう、ご祈念します。疎意《そい》はございません」と北条氏康に申し送っている（『小田原市史』中世Ⅱ・関連）。関宿出城後の古河公方の拠点は江戸城であったことがうかがえ、既定路線であったと考えることができる。

芳春院殿の弔い

そして、義氏の母親の墓所も江戸に営まれていたらしい。「古河帰座」の文言を含むことから永禄一三年（一五七〇）の発給と考えられる、吉祥寺《きちじょうじ》宛ての書状（『北区史』資料編　古代中世1・424）がある。

宛先の吉祥寺とは江戸城和田倉門《わだくらもん》付近にあったとされる曹洞《そうとう》宗寺院である。その書状のなかには義氏生母である芳春院《ほうしゅんいん》殿の弔いを依頼する旨が記載されている。この書状は残念ながら原本で伝えられるのではなく、喜連川《きつれがわ》文書の「義氏様御代之中御書案之書留」のなかの一通として写し留められている。写本ゆえに文書の末尾に説明を加えるように、「武州江戸の寺であり、芳春院殿様の位牌を納めた寺である」と吉祥寺に関する記載が付けられている。この記載より、吉祥寺が芳春院殿さらには古河公方家所縁の寺院であったことがうかがえる。

芳春院殿の忌日は「鎌倉殿　并《ならびに》　古河・喜連川御所様御代之盃《はい》名《めい》帳」（『古河市史』1546）、「関東将軍家同御台方過去帳」（同1547）などによれば、永禄四年（一五六一）七月九日と伝えられている。長尾景虎が上杉家および関東管領を継承したのが同年閏《うるう》三月一六日である。また義氏が関宿を出城したのは七月初頭で、小金《こがね》（千葉県松戸市）に至ったのが七月一五日頃であった。忌日は関宿出城の時期とほぼ重なる。この時、芳春院殿が関宿に在城していたとすれば、事件性すら感じさせる日付である。

いずれにせよ、関宿に墓所を営めるような状況ではなかったことは明らかだろう。芳春院殿の臨終の地が関宿であっても、この政治状況から江戸で菩提《ぼだい》を弔うこと、あるいは墓所そのものを江戸に求めたと考えられる。このことも江戸が新たな御座所であったことに関連するだろう。またもし臨終の地が関宿でないとするならば、すでに葬地である江戸に移り住んでいた可能性は高い。それこそ、江戸が御座所として計画されていたからということになる。

豊前家と有滝屋敷

足利義氏の家臣である豊前山城守《ぶぜんやましろのかみ》の屋敷も江戸城下に調《ととの》えられた。干支《えと》から永禄九年（一五六六）のことであると明らかであるが、この年に豊前山城守は北条家から江戸城内の有滝《ありたき》屋敷を拝領している（『小田原市史』史料編 中世2・651）。江戸城が御座所となるに及んで、屋敷地が割り当てられたらしい。したがって、江戸城御座所の建設は永禄九年であっても進行中の事態と考える。ところで、この有滝屋敷は江戸城のどこにあたるだろうか。

この豊前山城守は、この後に起こった永禄一二年一〇月六日の三増《みませ》合戦において戦死したとされている。豊前山城守の戦死にともない、子息の孫四郎が豊前家を継承していた（萩原二〇〇七・佐藤一九八九a）。

この翌永禄一三年六月、足利義氏は急遽、御座所を下総国古河へ移した。この移座には豊前孫四郎も伴われた。このことを案じた千葉胤富《たねとみ》は豊前山城守後家を見舞っている。とりわけ注目したい点はその書状の宛所である。文章から豊前山城守後家と考えられているが、「こうしつ」（後室）の肩に「ひら川」と書き載せられている。先に豊前山城守は江戸において有滝屋敷を拝領していた。これらから屋敷はまさに平河にあったと考えられる。

なお、『御府内備考』に、永禄七年（一五六四）の国府台《こうのだい》合戦で北条氏康家臣有滝摂津守《せっつのかみ》という人物が戦死したこと、さらにこの有滝家に関する屋敷が在竹橋《ありたけばし》と呼ばれた、のちの竹橋付近にあったという記載がある（下山二〇〇六）。屋敷の所在地の具体的な場所は明らかにできないが、有滝氏の存在は『所領役帳』などで確認でき、竹橋も平河の一角にあたる。とても示唆的な内容を含んでいるといえよう。

江戸御座所計画

江戸の地が御座所として選定された背景には、どのようなことがあったのであろうか。

まず古河公方足利義氏は天文二三・二四年（一五五四・五五）には下総国葛西城（東京都葛飾区）に居を定めていた。その後、永禄年間（一五五八〜七〇）初頭には関宿城を御座所とするが、永禄六年四月には佐貫、同七年七月には鎌倉へと御座所を転々としている（佐藤博信一九八九b・二〇〇六a・二〇〇六b）。この状況に照らせば、関宿退城は上杉謙信越山の影響を回避する目的があったことがまず考えられる。江戸城への移座は上杉謙信越山が直接の引き金になったのであろう。

他方、先述の内容から豊前家の居所は江戸に構えられていたことは間違いなく、古河公方家の一つの拠点が江戸と考えられていた。しかし義氏は江戸に拠点を設定しながらも、佐貫・鎌倉へと移座を繰り返していた。そのために先に見たような仮屋を急ぐ事態にもなったのであろう。つまり公方自身が不在でありながらも、江戸は古河公方家の御座所として認識されていた。

しかし、江戸への移転はそれ以前から計画されていたことは先にも触れた。それを補強する史料もある。永禄元年（一五五八）、仙波縫殿亮《せんばぬいのすけ》および小宮《こみや》両人の屋敷を芳春院殿の屋敷として改修したいとの申告が出され、北条氏康が問題なしと判断し、豊前左京亮《さきょうのすけ》に対して普請を急ぐように指示した（『北区史』資料編　古代中世1・375）。佐藤博信は仙波縫殿亮および小宮両氏の屋敷について、「この両屋敷は江戸城周辺にあったと解される」と理解している（佐藤一九八九a）。

義氏生母芳春院殿の屋敷普請が予定されていたとすれば、江戸との関わりは古河公方家の問題そのものである。すなわち江戸城御座所化が永禄元年には進行していたことを考えさせる。芳春院殿の位牌《いはい》所が関宿・佐貫・鎌倉ではなく、江戸であったことは、この計画の進行によって芳春院自身は早期に江戸に居所を移していたためと考えるべきなのであろう。

武田信玄の江戸攻め

元亀《げんき》二年（一五七一）一〇月二七日、武田信玄が一色《いっしき》氏に宛てて書状を出した（『戦国遺文』武田氏編一七四四）。その書状で「今の時節、本来であれば鎌倉に着陣し、ご意見を頂くべきところですが、思うところがありまして、まずは甲府に帰陣し、その上で来月中旬に小田原を攻撃したいと思います。その時に江戸あたりでご面会できればと存じます」と報じ、来年に江戸の付近で参会することを呼びかけていた。

当時の関東は越相同盟によって北条・上杉両家が協調し、両家が一緒になって足利義氏を古河公方に擁していた。武田信玄はその情勢に介入し、足利義氏に対抗して足利藤政《ふじまさ》を擁立する里見義弘《さとみよしひろ》らの勢力を糾合したのだった。宛所の一色氏の実名が不明であるが、古河公方家を支えていた一色氏のなかにも反義氏へと傾く人物がいた可能性を示唆している。その信玄が小田原攻めの予定を報じている。

ところで信玄は永禄一二年（一五六九）に小田原攻めを行った際、関東平野西部の山際を南進した。この行路であれば、近くの峠を選択することにより、甲斐《かい》などの自領国に脱出することが可能である、という考えがあっての選択だったのだろう。しかし、この書状では小田原に加えて、武蔵国を東端へと横断した地点である江戸付近を一つの目標としていたことがうかがえる。どのような経路を想定していたのかは不明とせざるを得ないが、甲斐国から江戸に至るには、どの峠を通過するのであっても、北条家の有力拠点が峠とセットで存在していた。これらの境目の城を攻略し、退路を安全に確保しつつ、北条領国の奥深くまで進軍するのは容易なことではない。

にもかかわらず、信玄は江戸での参会を呼びかけた。だが、その後に江戸での参会は具体化していない。呼びかけは政治的な意図による発言ではないかと感じさせる。反北条勢力に対して、足利義氏が拠点とする江戸城を攻撃する意図を示して呼びかけていたとすれば、彼らには響くところもあったはずである。信玄の意図から、江戸の政治的位置を確認できる。

江戸御座所の終焉

永禄一三年（一五七〇）六月、足利義氏は急遽、御座所を下総国古河へ移した。当時は越相同盟の時期であるが、この同盟締結の交渉に際してはさまざまなことが議論されていた。その一つに古河公方家の御座所の問題もあり、御座所は古河であるべき旨の議論があった。義氏の古河への移座は、時期から考えて同盟締結による決定事項の履行が求められ、急遽実施されたのであろう。

この移座に豊前孫四郎が伴われたことを心配した千葉胤富が豊前山城守後家を見舞ったことは先に述べたが、続く八・九月頃の書状のなかで、「さては古河へ移られるとのこと、承りました。度々、御書を出されており、義氏の上意が懇切でありますので、御座所を立てられたところへ御移りすることは重要なことです」と述べている（『千葉県の歴史』4・東京都94・7）。足利義氏は古河を御座所としており、その地に向かう後家に千葉胤富は同意を示している。古河が御座所となって、まだ間もない時期と考えてよいだろう。

義氏の古河への移座には豊前孫四郎が当初から付き添った。そして江戸に残っていた豊前山城守後家も、義氏から古河に移動することを求められている。もはや、古河公方家全体が古河に集結する状況であった。すなわち、江戸を御座所とした計画は完全なる実現を見ずに終焉を迎えていた。

越相同盟のなかで古河公方の御座所は古河と定められ、足利義氏はその決定に従った。同盟はその後に破棄されるのであるが、義氏はこのときの古河が御座所という決定を、関宿も御座所としながらも、最後まで遵守し、ほかの地に御座所を移すという考えは持たなかった。

「大橋宿」

このように、永禄年間（一五五八〜七〇）の江戸では古河公方家の御座所化が進展していた。その背景には上杉謙信の越山や房総半島への対策など、政治情勢によって江戸の役割が増したこともあった。これにより関宿を撤退した古河公方家のみならず、家臣の屋敷地も江戸城周辺に確保され、江戸が古河公方家の御座所として拡充された。おそらくは城下も賑やかになったであろう。この時期に「大橋宿」という町場が江戸城下に登場している。

永禄一一年（一五六八）に北条氏政が房総方面の情勢に対処するため、岩槻《いわつき》城と江戸城の対策を遠山康英《やすひで》に指示した一二月一七日付の書状がある（『小田原市史』史料編 中世2・754）。その二ヵ条目に「江城大橋宿」が登場する。

一、下総衆が葛西を守ることは無用です。全く状況が良くないので、彼の書状をともに御披見ください。小金口（千葉県松戸市小金）へ千葉胤富が布陣をとのご提案なので、そのことは尤《もっと》もであるので、それを命じました。定めて安房国の里見勢は当口に長陣になるので、あるいは下総国方面へ攻め込むかもしれません。たとえどのような行動があっても問題はありません。一切、彼の国の面々が行うままにしておきます。小金の高城《たかぎ》胤辰《たねとき》には江城大橋宿に移るようにと書面で命じるように。

「江城」は江戸城を意味するものであり、「江城」に引き続いて「大橋宿」が記載されることから、江戸城下の「大橋宿」と考えられる。永禄一一年段階では警固のために高城胤辰がわざわざ下総小金から派遣された。「大橋」は房総方面への入口にあたる重要な城下の地点に位置づけられていたのであろう。そもそも「大橋」の名前はその都市にあって、重要な橋であることを連想させる。事実、江戸にあっても「大橋」の名称は、都市の入口として江戸時代に至るまで使われ続けている。後年の様相を考えると、この時点でも江戸の中心的な橋であったことが、まず予想される。

また、町場の名称が「大橋」を冠することから、江戸城下の「大橋」に連続して展開した町場という様相が想像される。都市の入口にあたる「大橋」の宿なので、江戸の重要な町場ということになろうか。しかし、平河とは呼んでいないことに注目したい。先に見たように永禄元年（一五五八）頃より江戸城への移座が具体化し、城および城下の再整備が進められていた。この時期に平河ではなく「江城大橋宿」が登場することは、江戸城と城下の拡張に連動するのではなかろうか。

太田道灌期には台地上に築かれた江戸城であったが、この時期に至って古河公方家に関わる屋敷は城下平河で設定されていた。つまり江戸城は東側の平河に向けて拡張され、東側山《さん》麓《ろく》の地をも城域とするようになったのだろう。推測の域を出るものではないが、その詳細の場所は平川西岸に展開していた上平河と考えられる地であり、さらにいうならば寛永期（一六二四～四四）以降の江戸城の二の丸・三の丸の場所ではなかったか。その際に名称からして、平川に架かり、東側に向けた正面として構えられた橋が「大橋」だったと考えられる。このことは後述するように、「大橋」が近世江戸城の大手門橋に比定されることが大きな根拠となる。このように理解すれば、先学も指摘するように同時期の江戸城にとって平川は、城の外郭線（人工的に開削された平川流路）として意識され、城域が画されていた可能性が高いことにもなる。

三船山の合戦

では永禄一一年（一五六八）一二月一七日の段階で、なぜ「江城大橋宿」は高城胤辰の警固を必要としたのだろうか。当時の政治情勢を考えたい。まず、北条・武田・今川《いまがわ》の三国同盟の崩壊がある。

この一二月一二日、武田信玄は同盟を破棄し、突如として駿河国に侵攻した。北条家ではこの事態を翌々日には把握しており、北条氏政は蒲原《かんばら》城（静岡市清水区）に対応を指示している。同時に北条家は今川氏真《うじざね》を支え、武田信玄と一戦を交えるために駿河へと出陣した。この駿河方面への対応が喫緊の課題であった。それゆえ一七日に出された房総方面への命令は背後を固めるためであったことは間違いない。

また、同盟崩壊に先立つ永禄一〇年八月二三日、上総国君津《きみつ》郡三船台《みふねだい》（千葉県君津市上湯江《かみゆえ》・富津市前久保《まえくぼ》）において北条氏政と里見義弘が戦い、北条勢はこの合戦で敗退した。これにより房総地方での北条家の影響力が減退し、里見家の勢力が優勢に転じていた。この情勢に加えて三国同盟の崩壊である。北条家を敵とした武田信玄は里見義弘と接触を図っていた。したがって、北条家は武田攻めのために駿河へ出陣するに際して、背後の里見家への対応策を立案することが必須だった。

里見義弘による江戸攻めを想定した北条家は市川《いちかわ》－亀戸－浅草－江戸と続く道筋の警戒を高める。また、房総方面へは小金の高城胤辰が固める松戸－葛西－浅草－江戸と続く、今ひとつの道筋が存在した。しかし、高城胤辰が固める道筋は里見義弘が通過する江戸に至る道に該当しない。ゆえに高城胤辰に「江城大橋宿」に陣を構えるよう命じた。事実、二ヵ月後の翌永禄一二年二月、里見勢は下総国市川（千葉県市川市）へと進軍した。

そして江戸城の東正面が「大橋」と考えた場合、「大橋」より西側が城内と考えられることから、「大橋宿」は東側の門前にあったと推測される。堀・塀などの江戸城を守る防御機能の外に所在し、より房総方面に向き合うため、軍勢警固の必要性が生じた。そのような町場の構造からも北条家は高城胤辰に「江城大橋宿」在陣を指示したと考えられる。

「大橋」は浅草を経て青戸・松戸および亀戸・市川方面の房総に至る道筋の正面であった。とりわけ当時の政治情勢から里見家を警戒していた。また先に古河公方足利家も房総方面に意識を持っていたと述べた。葛西城・小金城や佐貫城はまさに「大橋」から続く道の先となる。「大橋」の登場は房総方面との関係性の高まりを示していた。

大橋の象徴性

ところで、大手筋の表現としての「大橋」という呼称には、城あるいは町場の正面に位置する橋としての象徴性が込められていた。しかし道灌期の江戸城では「高橋」が描写されており、明らかに江戸城からの遠景にあるランドマークの一つであった。その「高橋」には城の正面という意図はあったであろうか。おそらく「江戸城静勝軒詩序並江亭記等写」が風景描写をした段階では、江戸時代に二の丸・三の丸と呼称される地域にまでは城域は及ばず、台地上にのみ城域は展開していたと推測される。ゆえに平川に臨む台地縁付近に平河天神社が創建された。そして同所に至る道筋が梅林坂と呼ばれ、城外ゆえに台地上から梅林坂を経て東側山麓にかけて「高橋」西側の町場、上平河が展開していたのであろう。

このように解するならば、太田道灌の段階と平川までを城域とするようになった足利義氏の段階とでは、江戸城の城域に差があったことになる。先に触れたとおり、『落穂集追加』では「平川門の外に平河町という町があった」と平河は平川門外に所在したと記していた。平川門内、すなわち梅林坂付近の上平河の存在を書き留めない。対して、義氏の時点に至ると、平川の西側は城内であり町場ではなかったのだろう。先の古河公方家の人々の屋敷地はこの上平河に営まれたのであろう。永禄年間の江戸城拡張のなかで平川の西側の様相は、太田道灌の段階とは大きく変わっていた。

　また『所領役帳』で確認することができた「上平川」「下平川」の地名も、これ以後は見られなくなる。このことも永禄年間の江戸城拡張にともない、町場が衰退したことを示してはいないだろうか。「高橋」西側の町場としての役割を終えて城域内となり、かつ「大橋」の東側にできた新しい「大橋宿」へと町場が集約されるという変化があったのだろう。つまり、「高橋」と「上平川」「下平川」という空間から、「大橋」とその東側の「大橋宿」へと江戸城下の中心が変遷したと考えたい。この転換が認められるならば、「高橋」と「大橋」は同一の存在ではなく、新たな地で架橋されたことが予想される。

　先述したとおり、平河の故地は平川門周辺であり、城下平河に架かる「高橋」とは平川門橋であった。そして、城下の中心をなす橋が「高橋」から「大橋」に変わったことも、すでに論じた永禄年間の拡張のなかでなされたと考えることができる。

　より房総地方へという重要性が増すなかで「大橋」が架橋され、その橋詰に町場が取り立てられた。新たな「大橋宿」が整備されるにともなって、「下平川」「上平川」の町場としての機能が低下した。あるいは平川東岸のすべての方向への起点となった「高橋」＝平川門橋という位置づけから、房総方面への「大橋」と、本郷台方面への平川門橋へとそれぞれに機能が分化し、それぞれの幹線道に対応する橋という位置づけになり、橋と交通路の関係が変わったのだろう。政治的経過のなかで、江戸のなかの橋の重要性、さらには都市の構造も変遷したのだった。

結論として、「高橋」と「大橋」は同一視できる存在ではなかったことになる。

第4章　中世江戸の交通——水陸両交通の要衝へ

東西の交通

現在の日比谷から丸の内あたりは、東京湾から入り込む日比谷入江という海であった。鍛《か》冶橋《じばし》から銀座あたりは半島状の微高地で、その東側の明石町《あかしちょう》から八丁堀《はっちょうぼり》あたりも海であった。日比谷入江が慶長期（一五九六〜一六一五）の埋め立てによって成立したとすると、それ以前の江戸町の様相は、徳川家康が入府した当時を含め、かなり違っていたことになる。そもそも近世東海道のような江戸の町を南北に貫通する道は存在しない。そして、江戸時代初頭に至るまで、のちの城下の各所には墓地があった。江戸時代の武家地や町人地は、このような墓地群の上に町割りされていた。家康以前の江戸の景観は著しく異なっていた。

中世から近世移行期の江戸の町について、興味深い研究を行ったのは玉井哲雄である（玉井一九八六）。沽券絵図《こけん》（国立国会図書館所蔵）ほかの分析から、本町《ほんちょう》通りの町割りが行われた段階では、「日本橋通りよりも本町通りのほうが主要な街路」であったとし、のちに主要街路が入れ替わったと指摘した。そして「武州豊島郡江戸庄図」の分析から、この正方形の街区を特徴とする町割りは徳川家康が関東に入部した天正一八年（一五九〇）以降、征夷大将軍の宣下を受ける慶長八年（一六〇三）以前に行われたと述べている。先行する、中世江戸城から浅草に抜ける原本町通り沿いに町場があり、原本町通りに規定されて町割りが行われたと指摘している。つまり、中世江戸城－本町通り－常盤橋（＝大橋）－浅草という街道があり、この街道に関連して従前の江戸城は存在したことになる。近世東海道が南北方向の道であるのに対して、この道は東西方向の道であるようだ。

この玉井の見解を中世文書で検証するとどうなるであろうか。まず、「江戸宿」という町場の存在が気になる（『北区史』資料編 古代中世1・489）。天正一二年（一五八四）三月、沼尻《ぬまじり》（栃木市藤岡町《ふじおかまち》）の合戦への出陣を決めた北条家は、戦費調達を図るために棟別銭《むなべつせん》の一部について先行徴収を命じる。その一部が「江戸宿」に負荷されている。この「江戸宿」とは江戸城下を示す語であるものの、残念ながら具体的な場所などの実態はわからず、課題とせざるを得ない。しかし、平河の地名を使用しないことから、前代の江戸城下の平河とは異なる、江戸城下「江戸宿」が成立していたとも考えられる。

ではその「江戸宿」とはどこであろうか。先に「江城大橋宿」について触れた。「江城」(＝江戸城)が冠せられていることから、「大橋宿」は城下にあたる。「江戸宿」との相関関係は具体的には不明であるが、年代から考えて近い関係であると推測される。「江戸宿」の場所によっては、城下平河との関係も考え方が変わってくるかもしれない。

ここでポイントとなるのは大橋である。通説では常盤橋の旧称とされていた。確かに江戸時代の初めの一時期には通説どおりなのであるが、そのように考えると大橋宿は常盤橋門付近にあったことになる。常盤橋門の外は玉井が慶長期に町割りされたと指摘した本町通りである。「大橋宿」が常盤橋門の内外どちらかは不明であるが、玉井の想定した「原本町通り」沿いの町場との接点になることは間違いない。

しかし、どうやら「大橋宿」の大橋は常盤橋ではないらしい。

変遷する「大橋」

角川日本地名大辞典13『東京都』では、江戸の大橋のことを常盤橋の項目で触れている。「旧外堀(日本橋川)に架かっていた橋。現行の千代田区大手町と中央区日本橋本石町《ほんごくちょう》2丁目を結ぶもので旧常盤橋という。古くは大橋と称した」と解説している。また日本歴史地名大系第一三巻『東京都の地名』では、常盤橋御門跡の項目で「日本橋の本町(現中央区)と大手前を結ぶ江戸城外郭門で、枡形《ますがた》は寛永六年（一六二九）の修築、門は同一三年普請。名称は常盤橋にちなむ。同橋の架橋は天正一八年（一五九〇）とされ、長さ一六間・幅六間と大規模であったことから三代将軍徳川家光の頃まで大橋と呼称された。「慶長見聞集」に「大橋」とみえ、寛永年間に家光の上意により常盤橋と改名された（御府内備考）」と述べている。

さらに『国史大辞典』常盤橋の項目では、「東京都千代田区大手町と中央区日本橋本石町を結ぶ橋で、日本橋川（平川）にかかる。常磐橋とも書かれた。太田道灌時代の平川河口の江戸湊にあった高橋《たかばし》が位置的にその前身と見られる。徳川家康の入国後、寛永六年（一六二九）にここに城門ができるまでは、単に浅草口橋または大橋と呼ばれ、橋の東には刑場などもあった。城門は大手門のさらに外側の門であるため、重要視されて追手口《おおてぐち》と呼ばれたが、やがて常磐橋門となった」と解説している。日本歴史地名大系のみが天正一八年架橋とし、ほかは架橋された時期には触れていない。『国史大辞典』では「高橋」が「大橋」の前身とするが、この点はすでに触れたとおりである。若干の混乱があるものの、それぞれ常盤橋の旧称が大橋であると論じており、常盤橋が大橋であるという通説を語っている。

江戸時代において、常盤橋の旧名が大橋であったことを示す代表的な史料は「武州豊島郡江戸庄図」である。同図は寛永期における都市江戸の構造を示すものとして、「江戸図屏《びょう》風《ぶ》」(国立歴史民俗博物館所蔵)とともに基本史料と認識されている。その図において、常盤橋門の前後に「追手口　ますかた」「大橋」と記載がある。

また、『事蹟合考《じせきがっこう》』(『燕石十種《えんせきじっしゅ》』第二巻)には、次のような改称の逸話も伝わる。

> 一、大猷公《だいゆうこう》御代まで、今の常盤橋の名を、大橋と唱へたり、この名はおもしろからず、改名すべし、との上意によつて、いかなる向寄《むき》にや、町年寄の奈良屋市右衛門に命ぜらる、

これらからうかがえるように、常盤橋が徳川家光の頃の寛永期頃まで大橋と呼ばれたことは間違いない。

しかしながら、「大橋」=常盤橋とする通説については、若干の疑問がある。一連の「慶長江戸図」を通覧すると、大手三之(下乗《げじょう》)門を「大手土橋」とし、以下、大手門を「大橋」、常盤橋(大橋)を「浅草橋」と記載している。この点は一連の絵図群が等しく記載している。よって「慶長江戸図」こそが本来の記載であり、のちに名称変更が行われたために異なった名称が記載されたという考えが生まれる。

『江戸名所図会《ずえ》』でもこの点を取り上げている。常盤橋について「按ずるに、この橋の旧名

を大橋といひ伝ふるハ誤りなり、慶長十二年の江戸絵図に、今の御本丸の下乗橋を、大橋としるしてあり、同じ図に、常盤橋をば浅草口橋としるせり、依《よっ》て常盤橋の大橋にあらざる事をしるべし」とある。「慶長江戸図」では下乗橋は「大手土橋」と、大手門は「大橋」と記載していたので、『江戸名所図会』は誤解を含むが、常盤橋は「浅草口橋」と記している点が注目でき、常盤橋＝大橋説が否定される。

とりわけ、『慶長年間江戸図考』の写本である『慶長年間江戸図説』（天理図書館所蔵）は、所載の「慶長江戸図」にそれぞれに朱書で「今下乗」「今大手」「今常磐橋」と注記を付している。また他の「慶長江戸図」のなかには「浅草橋　今常盤橋」の記載がある図もある。これらは明らかに常盤橋等の一連の橋の名称の改称を示唆している。

つまり、「大橋」ほかの一連の名称については、「慶長江戸図」の記載どおりに呼称された時期があり、その後に変更されたと考えたい。さらにすでに述べたように「慶長江戸図」以前、すなわち徳川家康期に至るまでは常盤橋が存在せず、平川は自然流路で日比谷入江に注いでいた。とするならば、永禄一一年（一五六八）の段階に存在する「大橋」を常盤橋と理解することは、当然のことながら無理である。したがって、当初の「大橋」は大手門の地であり、常盤橋が「大橋」と呼称されるに及んで、「大橋」から大手門橋へという名称の変更があったことになる。

ところで、明暦《めいれき》の大火（一六五七年）後に隅田川に架橋された両国橋《りょうごくばし》も当初は大橋と呼称された（日本歴史地名大系第一三巻『東京都の地名』）。江戸では、「大橋」とは時代によって大手門橋、常盤橋、両国橋へと、年代が降るにしたがって、より東側へと変遷、改称していった。「慶長江戸図」の常盤橋にあてられていた浅草橋は、外側の惣構《そうがま》えの拡張にともなってさらに外側に所在することになる見附《みつけ》の名称へと変遷、改称された。このことからも、おそらくは寛永期の惣構えの普請が要因となり、一連の名称変更が生じたと考えられる。しかし都市の拡張にしたがって名称が変遷しても、「大橋」と呼称される場所は江戸の東側の入口に所在していた。「大橋」の名称は、都市の正面に位置する橋という象徴性が込められていた。

戦国時代の「大橋」をのちの大手門の地点と解すると、江戸城下の町場も当初の平河、次に戦国時代後半から近世初頭の大橋宿・本町通り、そして江戸時代の日本橋通りの町場へと、変遷していった。江戸時代の南北道に対して、戦国時代以前は東西に道が走っていた。この都市と道の変遷は江戸の膨張の様子をも如実に語っている。

鎌倉大道

では話を戻すことにして、江戸城を貫通する東西道はどのような意味を持ったのであろう

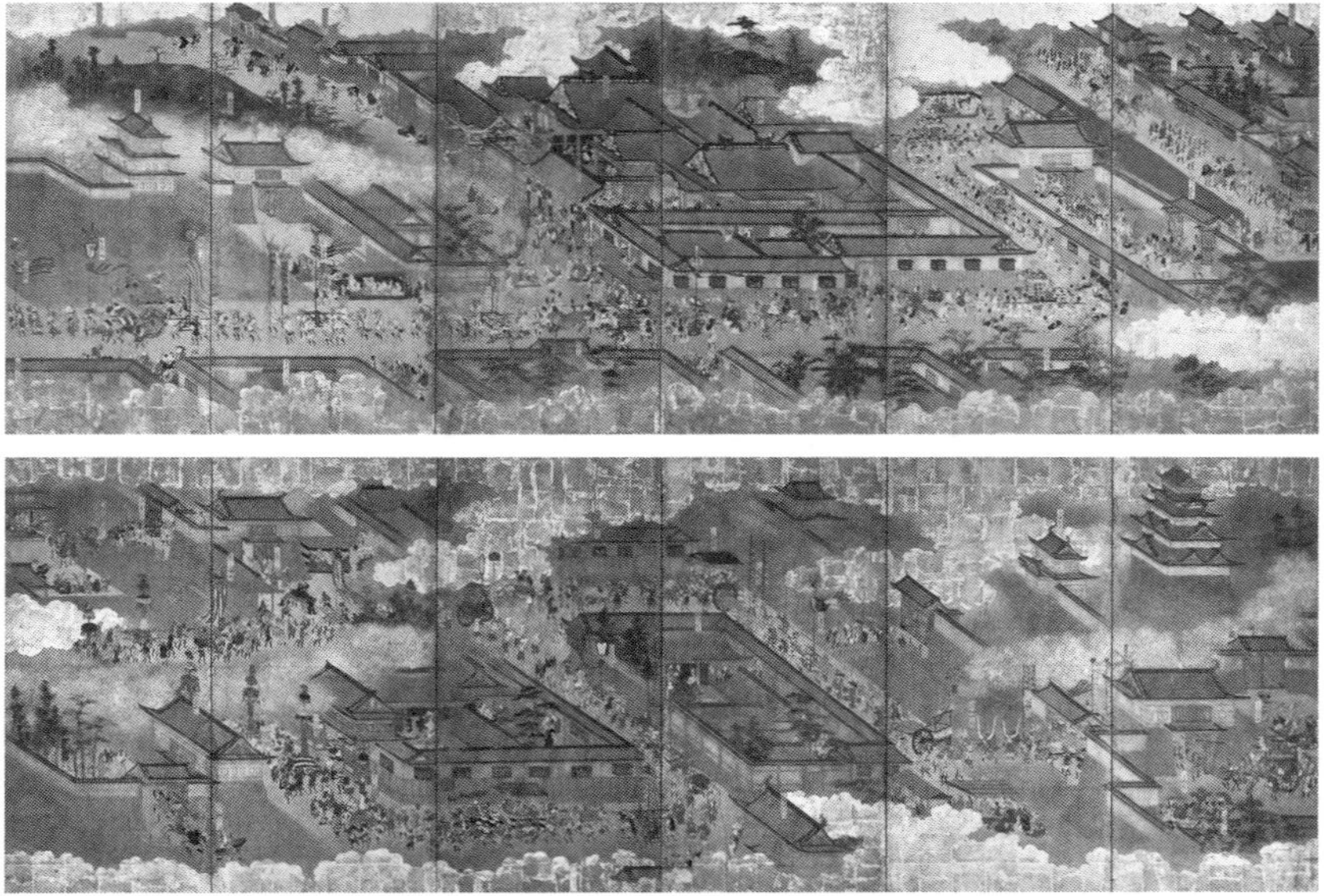

図12　**江戸天下祭図屏風**　上が右隻，下が左隻

か。東方向は玉井の指摘にもあるように浅草につながり、その先は隅田川を渡り房総方面に至る。いわゆる鎌倉大道の下道である。

ではこの鎌倉大道は江戸城の西側ではどうなるであろうか。そのヒントは「江戸天下祭《えどてんかまつり》図《ず》屏風」（図12）が与えている。まずは祭礼の西端は麴町門（半蔵門）だった点である。江戸城の天守がまだ焼失する以前、天守を含んだ江戸城の景観を描いた数少ない絵画の一つとして著名なこの屏風は、山王祭礼の様子を描いたものである。六曲一双の屏風の中で、祭礼の行列は右隻の右端上部の麴町門（半蔵門）から始まり、右隻中央の紀伊《きい》徳川家邸北側を通過し、左隻右上に天守がそびえる本丸北側の堀を隔てたところを通過する道を東へ進み、常盤橋門へと至っている。本丸内を通らないのは先述した道と異なっているが、この点は本丸拡張によって道が移転したためであろう。この点だけ了解すれば、おおよそ祭礼行列の道は中世の東西道を踏襲した道を行進していたことになる。

そもそも麴町の地名の由来は国府に至る道＝コウジミチ（国府路道）であるという説がある。国府はまま「コウ」と発音された。現在の麴町の地名も新宿通り（甲州街道）沿いに細長く続く。その説を重視すれば麴町門（半蔵門）からは武蔵府中につながっていたことになる。また鎌倉大道の下道であったと考える視点から、青山通りとの関係が重視される。鎌倉への接続も考えねばならない。さらに足柄《あしがら》峠を越えた矢倉沢《やぐらさわ》往還が江戸につながっていた。

図13　喰違門

足柄峠は東国の入口であり、東海道の要衝である。すなわち、江戸の西口は武蔵府中・鎌倉・京都に向いていたことになる。

喰違門

江戸城惣構えの見附に喰違門《くいちがいもん》（千代田区紀尾《きお》井《い》町《ちょう》）という門がある（図13）。この喰違門は石垣によって固められたほかの見附とは異なり、土づくりの門である。『御府内備考』には、小《お》幡景憲《ばたかげのり》によって設計された徳川秀忠時代の門とされている。そもそも寛永年間（一六二四〜四四）になって、江戸城は本格的な惣構えを持った。それ以前は堀や石垣・土塁などで江戸の町を囲い込む惣構えはなかった。その様相は歴博本「江戸図屏風」や「武州豊島郡江戸庄図」が描くとおりであろう。惣構えが完成する以前、どうやら江戸城の西方に続く台地は、四谷から赤坂にかけて、南北方向に台地を遮断する堀切を掘って外郭線としたらしい。その堀切によって遮られた外郭線で、唯一、西側に開いた門が喰違門だった。つまり、喰違門は一連の惣構えの線上に所在しながらも、他の見附とは年代を異にする門と考えられる。

方向を逆にして、西から江戸城に向かってみよう。現在の青山通りは外苑前交差点を越えたやや東北の地点で、国道は「く」の字に折れ曲がって、赤坂に向かっている。ところが折れ曲がらずに渋谷から直線上に江戸城に向かうと、赤坂御所に至る。御所内には鎌倉大道と伝承される道筋があることを芳賀善次郎が報告している（芳賀一九八一）。さらに直線を延長すると、この道は喰違門に至る。

つまり、喰違門は鎌倉大道が通過する江戸城の門であり、喰違門から鎌倉大道中道《なかみち》と下道の分岐点である青山まで直線で結ばれていた。あるいは国府路道（古甲州街道）もこの喰違門を通過したのではなかろうか。そして増上寺・青松寺《せいしょうじ》はともに貝塚（四谷から赤坂付近）、すなわち喰違門付近に旧在したと伝えられるが、この伝承も喰違門付近の重要性と関連する。

現状から推測すると、寛永期に惣構えが普請されるに際して、喰違門に集中・接続した二方面への交通路が是正され、四谷門と赤坂門という新しい門へと整理、分配されたと考えられる。これと同時に鎌倉大道の下道（青山通り）は、道筋をやや南へと屈曲させられ、現道

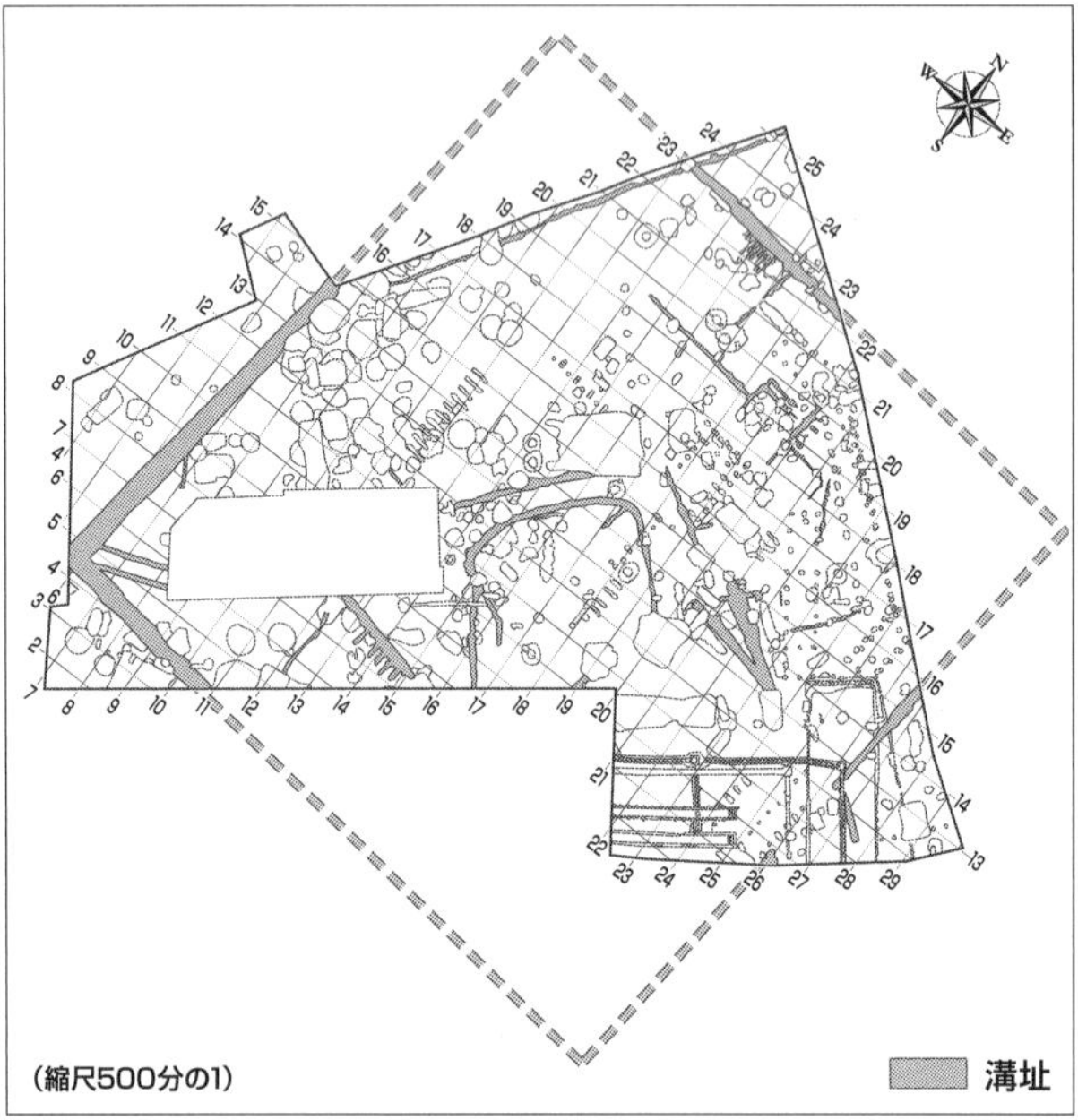

図14　**北青山遺跡**　遺構配置図、点線は推定線

のように赤坂門を通過するようになったのであろう。この街道付け替えにより、喰違門は従前の西側の正面という機能を失った。おおよそ江戸時代初頭の江戸城西側の変化は、このようになるのではなかろうか。

北青山遺跡

青山学院大学から国道二四六号線（青山通り）を挟んで向かい合う、国連大学本部の北側に北青山遺跡（渋谷区神宮前五丁目）は位置する。江戸時代を中心とした遺跡ではあるものの、発掘調査の結果、方形に堀がめぐると推定される区画が確認された（図14）。遺物は検出されなかったものの中世の方形館であると考えられた。

調査地点は北上する鎌倉大道中道と同道から江戸・浅草・下総国方面へと向かう道が分岐する地点に近く、交通上の要地にあたる。およそ一〇〇メートル四方の方形館であることを考えると、一四世紀後半以降の中世城館と考えられる。遺物がないことから日常的な施設ではなかったことも含め、享徳の乱、長享の乱などの戦乱にともなって普請された臨時の交通施設である可能性が高い。

いずれにせよ、北青山遺跡は鎌倉大道の存在に立脚していたのだろう。

戦国期の正面と登城路

当然ながら、日比谷の入江が存在する段階では日本橋を基点とする東海道とそれに寄り添う銀座界隈の城下町は存在し得ない。先述のように、中世から近世に至るまでの幹線は、渋谷から青山通りを東進して赤坂御所内を通過する。その後、江戸城外郭の喰違門・半蔵門を抜け、本丸北側を右手にして台地を下り、大手町界隈を常盤橋へと至り、先の本町通りに接続し、浅草へと向かっていった道筋であった。そもそもこの時代にはまだ日比谷入江があった。道はこの入江を避けることになる。東海道の南北方向に対して、東西方向の道筋が中世から江戸初期に至る江戸の幹線道であった。

そして、中世江戸の城下が平河であった。この平河の町場は平川門の付近、平川の渡河点であった。東西道はこの付近を通過したのであろう。平河の町場はこの道筋に沿って展開したことになる。そして「江城大橋宿」はのちの時代の大手門の東側が町場化していたことを示していた。この「大橋宿」のさらに東側の道続きは常盤橋門を経て先述の本町通りにつながっていた。

まさに中世の東西道は一五世紀後半の太田道灌期江戸城下平河、そして永禄年間の「大橋宿」と関連し、慶長期頃になって本町通りにまで至った。このような城下の拡大・変遷が理解できる。近世初頭に至るまで江戸は、この東西道なしには語ることができない。

北条家の婚礼行列

江戸の重要な幹線である東西道は、西へは府中・鎌倉・京都へとアクセスし、東は房総方面へとつながった。しかし、江戸にアクセスする幹線道はこの一筋ではなかった。先に戦国時代、北条家は関東平野各所へ展開するターミナルとして江戸を位置づけていたと述べた。北条家の勢力圏は、北武蔵そして上野《こうずけ》・下野《しもつけ》の北関東に及んでいた。江戸からこれらの方面へどのように道が延びていたか。

天正一三年（一五八五）の北条氏房《うじふさ》の婚礼にともなって、北条氏政が対応を命じた文書がある（『北区史』資料編 古代中世1・497）。関連する古文書（同1・496）も含め、婚礼に際しては江戸から岩槻まで壮麗な行列が準備されたことがうかがえる。この行列には多くの家臣が参加した。とりわけ、宛所となった道祖土図書助《さいどずしょのすけ》には細かな指示が出されていたことが伝わる。

一、来たる七月十七日は、昼以前に江戸に到着すること。翌十八日は辰《たつ》刻に出仕すること。その際に小者は一人ずつ連れて、江戸城内の中城へ参じるように。そのほかの召し連れた供衆は宿中に待機させ、馬を降りて、持参の武器も神田の坂に置いてくるように。その神田の坂からは馬に乗るようにすること。従って神田の台までは歩行の状態で、御輿の先の列に参じるように。

道祖土氏らは、江戸城に出仕する際、同行するのは小者一人のみで、それ以外は「神田之坂」での待機を命じられた。そして江戸城から「神田之台」までは徒歩で輿の警固にあたり、「神田之台」からは「神田之坂」に待機していた家臣・馬を伴うように指示されている。「神田之台」とは神田駿河台に比定される。神田駿河台から江戸城中城に至る道が存在したことになる。地理的な関係から、この道は江戸時代の大手門から常盤橋門に至る房総方面に向かう道筋ではない。少なくとも道の方向が異なっている。

「神田之台」からの道は、婚礼行列が進むほどの晴れの道であり、重要な幹線道である。状況から、江戸城から本郷の台地を通過し、岩淵《いわぶち》（北区赤羽）で荒川を渡河して岩槻に至る道であろう。これに対して、「大橋」からの道はすでに論じたように浅草を越え、房総方面に至る道である。この二本の道筋は、ともに幹線道として整備されていた道であることは間違いない。

戦国期の舗装道路

おそらくこの婚礼行列が通過した道が一ッ橋二丁目遺跡を横切っていた（千代田区一ッ橋二丁目遺跡調査会ほか一九九八）。江戸城から神田駿河台方面へ、まさに同じ方向に向かう中世後期の道である。

両側側溝をともなう幅二メートルの砂利敷き道である（図15・16）。溝・道幅・舗装などから見て、グレードが高い道であり、江戸城から発する幹線道と考えてよい。一三世紀からの遺構・遺物が出土しており、先に城下平河の一角に位置づけたとおり、中世の町並みが展開していた。中世江戸城の遺跡である国立近代美術館の地にも近い。遺構の断面から、道は

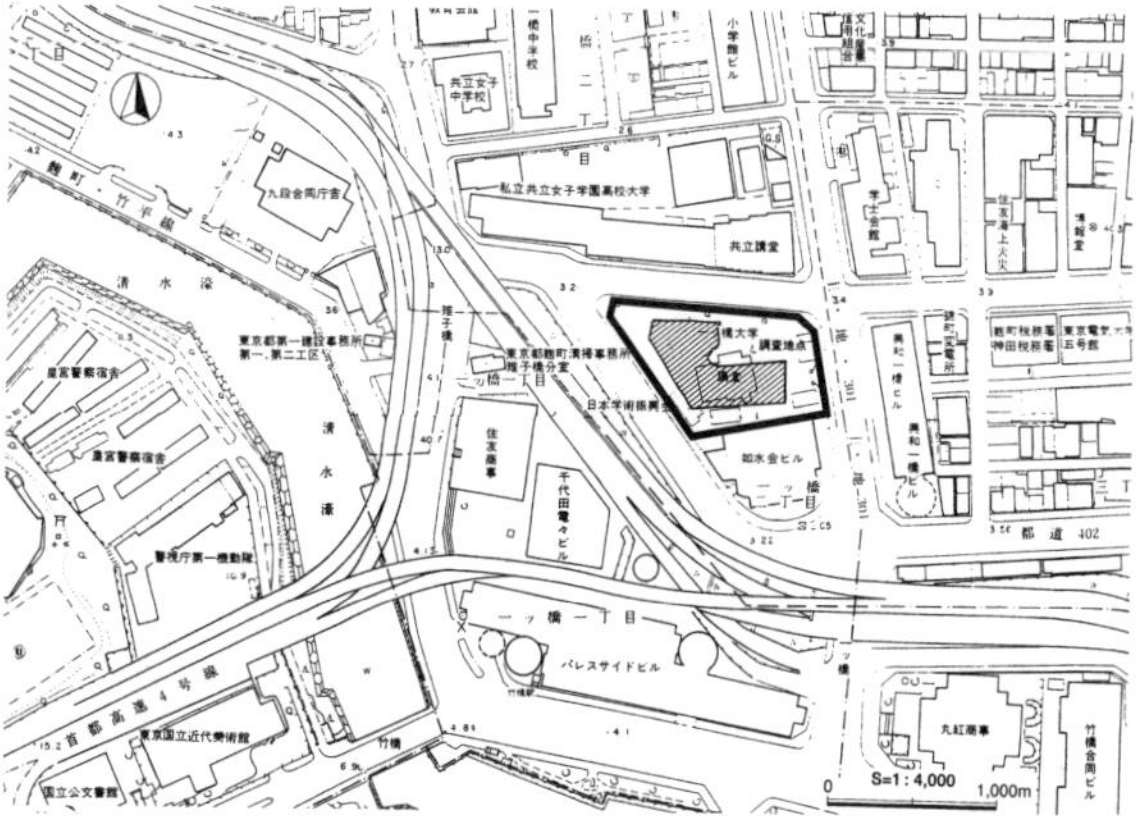

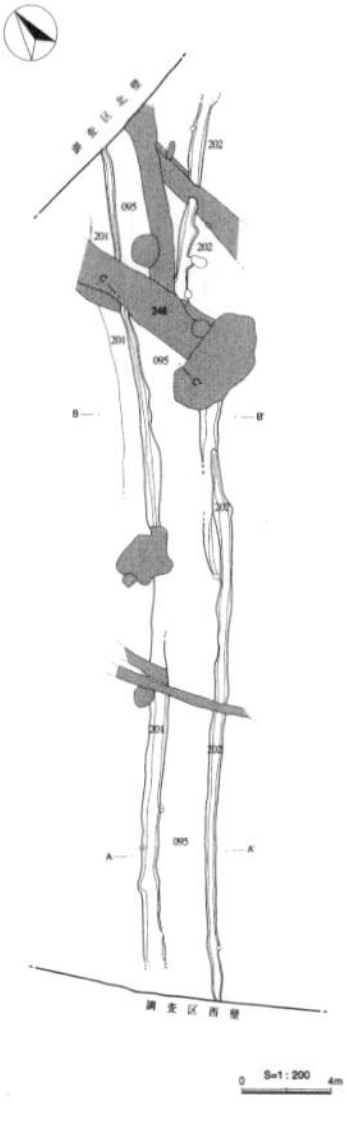

図15・16　一ツ橋二丁目遺跡（上、太枠）／同遺跡095遺構・中世道路（下）

数時期にわたって改修されていた可能性が考えられる。この点報告書では、「側溝出土遺物には連《蓮》弁文を有する磁器碗が認められている点を考慮すると、道路址存続時期の一端が14世紀前半頃に位置づけられる」と論じている。また、路面直上から大窯Ⅱ期の天目茶碗が出土しており、最終段階は一六世紀中頃までは継続した道と考えておきたい。

報告書は鎌倉大道の下道との関連を考えたためであろうか、幹線道路とは考え難いとしているが、「中世江戸城の推定地である本丸・北の丸から、北東方面の本郷台地へ向かうものと考えられる」と指摘している。まさに天正一三年に婚礼行列が通過した道である。文献資料と発掘調査の年代に違和感はなく、少なくとも関連する道であることは間違いない。

本郷台地を経由する幹線道は、江戸城に通じる重要道路ゆえに近世江戸城の構造に影響を与えたと考えられる。検出された遺構はまっすぐに竹橋門の方向に向かうが、戦国時代にあっては城内への入口は平川門付近から梅林坂を登って主郭に至る道となるのであろう。今まで浅草・房総方面に通じることを念頭に、江戸城を通過する東西道と記してきたが、どうやら平川門を出た直後は北に向かうらしい。このまま北武蔵・北関東へと通じることは間違いないが、大橋（大手門橋）架橋以前は浅草・房総方面へはどのようになるのだろうか。「高橋」すなわち平川門橋を渡り、その後、どこかの地点で分岐して、浅草・房総方面に向かったと考えざるを得ない。その分岐点は橋を渡った直後であるか、あるいは本郷台地上であるか、残念ながら現時点では明らかでない。中世江戸の景観を復元するにあたっては重要な点であり、今後の大きな課題である。

江戸氏の大道

近年、江戸から北武蔵に向かういま一つの道が、雑司ヶ谷《ぞうしがや》（東京都豊島区）での発掘調査がきっかけとなり、橋口定志により明らかにされている。

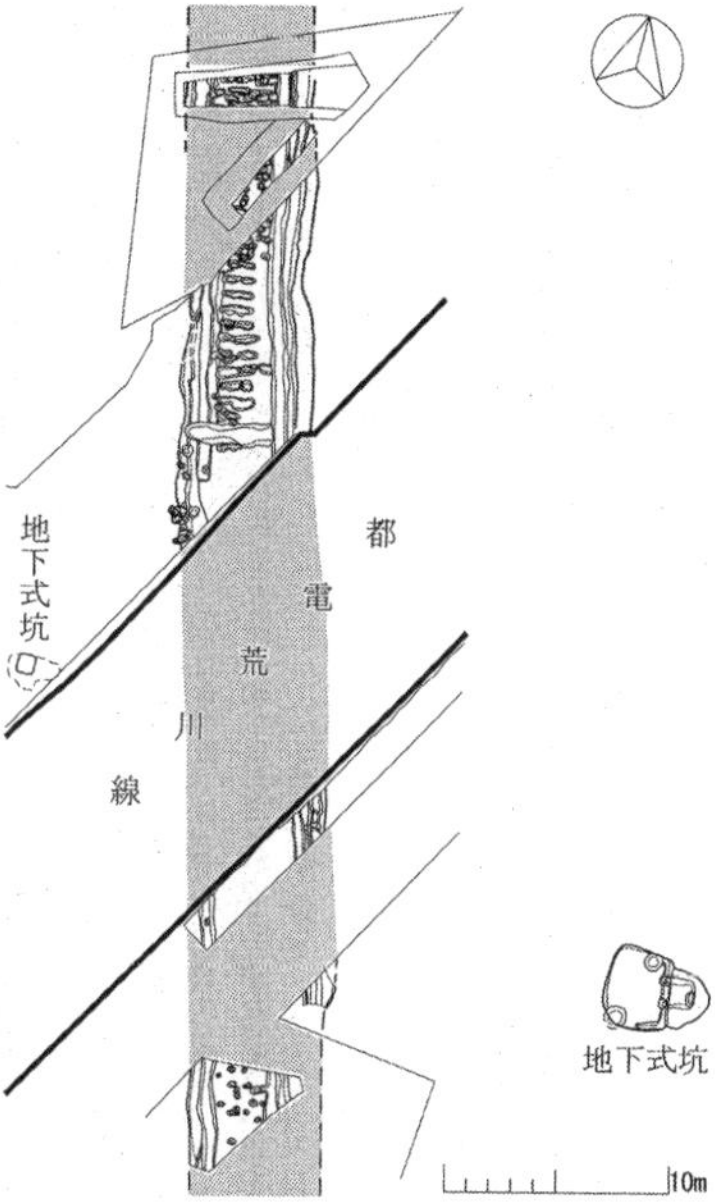

図17　東京メトロ副都心線雑司が谷駅地区検出の中世古道

遺跡の年代は一二世紀後半から一五世紀とされ、そのなかでも古道の出土が注目された（図17）。報告書では「雑司が谷遺跡で発見された中世古道は、側溝をもち、路面には波板状遺構を伴っていた。波板状遺構は、道普請がしっかりと行われていることを示し、側溝は溝浚《みぞさら》い等の維持管理を要する施設であることを示す」と述べ、「この中世古道は相応の財力を持つ地域の支配者によって敷設されたと理解している」と中世の幹線の存在を指摘している（豊島区遺跡調査会二〇一〇）。

遺跡から道筋は、豊島区の鬼子母神《きしもじん》付近から宿坂《しゅくざか》通りを南に向かう。「宿」がつく坂の名称は坂下が高田宿《たかだ》であったことに由来する。ちなみにこの間は鎌倉大道の中道に推定されている区間である。その後、高田宿は神田川を右手に東へと続くが、この付近で道は神田川を渡河して、早稲田へと至る。神田川と記したが、河口は平川である。中世に確認される平川の渡河点は、中流以降は「高橋」「大橋」とこの高田の渡《わたし》のみである。なお高田宿は太田道灌ゆかりの山吹の里の伝承地に関わる。

早稲田から道はおそらくは早稲田大学キャンパスを横切る。早稲田大学総合学術情報センター（昔の安部球場）の地は下戸塚《しもとつか》遺跡とされ、一三世紀後半から一五世紀後半の屋敷などの遺跡が確認された（早稲田大学校地埋蔵文化財調査室一九九七）。屋敷の主については、地理的な状況から、雑司ヶ谷からの道、高田宿、高田の渡の権益に関係する人物が考えられる。報告書では遺跡の主を「江戸氏と深い関係のある人物」と指摘し、また橋口定志は江戸氏に関わる松原氏と推定している。

その後、道は早稲田通りから神楽坂《かぐらざか》へと続く。神楽坂には赤城《あかぎ》神社がある。この神社は江戸氏に関わる中世文書が伝えられた牛込《うしごめ》氏ゆかりの神社であり、この道が中世に遡ることを推測させる。

神楽坂の賑わいを下ると飯田橋《いいだばし》駅西口付近である。その地点にあった牛込見附を通過し、江戸城に向かうと、道は北の丸北端の田安門《たやすもん》へと至る。橋口はこのように道を復元し、中世後期の江戸氏との関わりで考察した。

田安門を潜った道はどこへ向かうか。北の丸内の通過地点は不明であるが、西の丸道灌堀に沿って南進したと考えられる。道灌堀の外側は大道《おおみち》通りと呼称されている（千代田区教育委員会二〇〇一）。この名称は中世の幹線道の存在を示唆している。道はそのまま二重橋付近を下り、外桜田門付近そして虎ノ門付近を経て、芝《しば》に至ると考えられる。橋口はこの道と江戸氏一族の蒲田《かまた》氏との関連を指摘しており、道も蒲田に至るのであろう。

反対側の高田宿付近から西へはどうなるのであろうか。具体的な道筋を把握するには至っていないが、橋口は清戸道《きよとみち》との関係を推測している。この清戸道は現在の国道二五四号線川越街道の前身と考えられ、同街道の南側を清瀬《きよせ》市清戸に向けて進んだ。途中には太田道灌ゆかりの練馬《ねりま》城・石神井《しゃくじい》城がある。目的地となる清戸は柳瀬川《やなせがわ》の渡河点であったと考えられ、この渡河点に関わって戦国期には清戸番所が設定された。そして対岸には戦国期に滝の城《たきのじょう》（埼玉県所沢市）が構えられている。交通上の要所であったことがうかがえる。渡河点を越えた先は川越に至ったのであろう。

このように、川越・清戸・石神井・練馬・高田・江戸・蒲田をつなぐ道が、中世を通じて機能したと考えられる。この道に関連して登場する人物は太田道灌であり、それ以前は江戸氏である。あるいは平安末期の平氏政権の時代にまで遡り、秩父平氏の一門を繋ぐ道であったかもしれない。

陸上交通の結節点

川越から蒲田を繋ぐ道を辿ったところで、確認したい点がある。江戸城内を南北に通過するこの道は、北の丸田安門から大道通りに至る間で、先に確認した江戸城内を東西に貫通する鎌倉大道と交差するという点である。おそらく現在の首都高速道路代官町《だいかんちょう》料金所付近がその地点に該当する。江戸城はまさに陸上交通の要所を選地していたといえよう。あるいは江戸氏の本拠や太田道灌の江戸城はこの交差点に関わって構えられたのかもしれない。先にも触れたが、大道の北側に隣接して屋敷地が構えられたとすると、北の丸南東部の竹橋門（東京国立近代美術館遺跡）付近はまさに最適地になる。

江戸を起点に、北は川越・岩槻へ、東は浅草を経て房総へ、南は蒲田へ、そして西は府中・鎌倉そして西国へと道が開いていた。この陸上交通の利便性は中世後期には確実に存在し、あるいは平安時代末期にまで遡るかもしれない。このような陸上交通が江戸時代以前の江戸には存在していた。

水上交通と江戸

「江戸城静勝軒詩序並江亭記等写」（『新編埼玉県史』資料編8）は、「その城の地は、海と陸の恵み豊かで、水上交通と陸上交通が交わるところである。他州や異郡へは、蔑を加えるしかない」と江戸の条件の良さを述べていた。ただし、多分に誇張されていると考えるべきであることはすでに述べたとおりである。

とりわけ「舟車之会」という表現を用いて、水上交通と陸上交通の条件が良いと主張している。陸上交通の条件は述べてきたとおりである。水上交通の条件の良さとはどういうことか。すでに触れてきた点から考え、強いて言えば、「高橋下」に集った船ということになろうか。

通説では、江戸の水上交通の条件として理解されているのは今戸・浅草であった。この地は確かに水上交通の利便地である。海上交通と河川交通の結節点であり、加えて先に述べた江戸と房総方面を結ぶ道が交差する。江戸氏の庶子も付近に展開していた。まさに水陸の交通が交差する地ということになろう。従来は中世江戸を理解する上で、今戸・浅草を江戸の空間の範囲に取り込んで、考察していた。

しかし、中世の江戸を考えるにあたって、はたしてこの広域的な江戸という理解は妥当であろうか。対となる町場は平河であり、「江城大橋宿」である。浅草までを範囲として考えることはいかがであろうか。そもそも浅草は坂東三十三所観音霊場《ばんどうさんじゅうさんしょかんのんれいじょう》の札所の地であり、門前町としての性格を持った町場である。この町場を含めて中世江戸を理解するのは、近世江戸を前提としたひろがりの幻影、結果論ではなかろうか。

ここでは、幻影に惑わされることなく中世江戸を理解してみたい。平河の陸上交通の利便性に加えて、日比谷入江を利用する海上交通の結節点という地理的条件である。この条件が重視されたため、秩父平氏はこの地に江戸氏を進出させたと考えられる。このことだけを取っても、「江戸城静勝軒詩序並江亭記等写」が描写する「舟車之会」の条件を十分に満たしている。それとも「舟車之会」は漢詩文ゆえの誇張表現なのであろうか。

第5章　家康の江戸入府――一五九〇年

江戸入城

権現様が御入国された時、先の城主である遠山氏の城内の家宅は言うに及ばず、二の丸・三の丸・外郭にある家までもそのまま残っていた。そのため当分は城内での家宅にことを欠くことはなかった。しかし御城内の家には柿《こけら》葺《ぶ》きのものは一カ所もなく、どうにか日光葺き・甲州葺きなどをもって替わりとした。御台所は茅葺きで手広いものだったが、ことのほか古い家屋であって、玄関の上り段には船板に使うほどの幅広の板を二枚重ねただけで、板敷きもなく土間のままだった。そのため本多《ほんだ》佐渡守《さどのかみ》殿が「これはあまりに見苦しい。他国からの御使者があった時は、とても玄関がなくてはかなわない。

せめて玄関まわりは御普請を仰せ付けられてよいでしょう」と言上したところ、「その方は必要のないことを申す」とお笑いなされ、家作りには構うことなく、御本丸と二の丸の間にあった堀を埋め、御普請をお急ぎになられたということだった。

徳川家康が入城した頃の様子は、種々の書籍に少しずつ内容を異にしながら記載されている。紹介したのは『落穂集追加』によるものである。概して、城内の屋敷の質素さ、堀を埋めて本丸としたという話が軸となっている。通説では当時の江戸城は玄関も満足にないほどの状態であったのであり、ひいては江戸はとても寂れた寒村であったと語られてきた。そして対照的にその後の江戸がいかに発展したかを強く印象づけていた。『落穂集追加』からはそこまで極端に読み込むことはできないが、家康入国当時の江戸と江戸城はそのように語られてきた。

詳しく述べることは避けるが、これらの逸話の背景には徳川家康の事績を顕彰しようとする意図がある。貧相な戦国時代から、大きく発展した徳川期の江戸というコントラストを描き出そうとする構想が感じ取れる。しかし近年ではこれを覆すような主張がなされてきている（岡野友彦一九九九）。

では戦国時代、そして徳川家康が入国した当初、江戸の実像はどのようなものであったのだろうか。

某書状

家康の江戸入城を語る一通の書状がある（『大日本古文書』浅野家文書）。年月日や発給者の記載はないが、おおよそは推測できる。時期は小田原合戦が終結を迎えた頃である。本文中に「一昨日二日」とあることから、発給日は天正一八年（一五九〇）七月四日にあたる。

小田原城に籠《こも》る北条氏直《うじなお》は七月一日には投降の決意を表明しており（『小田原市史』３・２０７６）、受け入れ側の豊臣家の調整完了を待って、五日に滝川雄利《かつとし》陣に投じた（『家忠日記』同日条ほか〔竹内理三編一九六八、以下も『家忠日記』は同書による〕）。したがって取り上げる某書状は、投降の前日に発給されたものである。書き立てられたうちの三ヵ条目と六ヵ条目に小田原城と韮山《にらやま》城の城攻めが記載され、戦闘が継続している状況が認められる。四ヵ条目に「小田原無事之事」として、終戦に向けて、かつて尾張《おわり》守護であった斯波義銀《しばよしかね》の仲介を激怒して認めなかった秀吉の対応が記載され、終戦へ移行する状況が記載されている。書状の発給者が錯綜《さくそう》する戦場の情報を整理し、事態に対処している状況がうかがえる。発給者および受給者ともに不明であるが、内容から政権の中枢部に関わる人物の発給であること、および浅野家文書の一点であることから、浅野長吉《ながよし》（のちの長政《ながまさ》）が関係した可能性が高い。

書状の五ヵ条目に「徳川家康を江戸まで召し連れて、江戸の御普請を命じるという決定が出された」という記載がある。家康と江戸との七月四日時点での関わりについて、豊臣政権がどのように認識していたかが示されている。そこでは、まず江戸への赴任は「召連」であり、その語から転封によってではなく、従軍の命令によると受け取れる。そしてその目的は江戸普請であったと記載される。この江戸普請も転封によるものではなく、「御普請を仰せ付けられるべき」という記載から、普請の主体者への敬意を表する「御」が付せられ、上位者からの命令である旨が示される。すなわち、江戸普請は豊臣政権の政策の一環であり、豊臣政権からの命令であった。

家康の江戸への移封はすでに風聞として広まってはいたが、この史料に基づく限り、徳川領の存在を前提とし、転封にともなって徳川家が主体的に江戸城の拡張を行ったのではなくなる。それどころか豊臣政権の城として、政権の政策的意図による築城であったことになる。同じ時期、秀吉が会津《あいづ》に向かうため、各所に御座所が設けられていた。家康への命令は少なくともこの御座所造営が意図されたものであろう。

また上野国箕輪《みのわ》城も秀吉の命令によって、徳川家臣であった井伊直政《いいなおまさ》に普請・在城が命じられている（『彦根市史』近世1・6）。これらを考えると、小田原城や鎌倉ではなく、江戸城を旧北条領国（のちの徳川領国）の中核に据えるという選択は豊臣政権によってなされ、その政策に徳川家康を位置づけたことになる。秀吉はその後に行われる宇都宮《うつのみや》および会津での仕置きを見通し、関東・東北の体制を固めるが、これに先立って地方支配の城館体制を定め、家康を当てはめたと考えられる。

家康と江戸城

徳川家康と江戸城の関係はこのように始まるのであるが、以後はどのように推移したのだろうか。通説的な理解に立てば、おおよその北条領国を家康が継承することが決定され、天正一八年（一五九〇）八月一日に家康は江戸入城を果たした。以後、江戸城は徳川家の本拠としての地位を確立し、その後、征夷大将軍となるに及び徳川幕府の拠点となった、ということであろう。

ところで、家康が征夷大将軍となった頃、国政の中心地は豊臣秀吉の遺命により伏見《ふしみ》であった。そのため、征夷大将軍の任官は伏見城であった。続いて、慶長一〇年（一六〇五）には将軍職を秀忠に譲り、自らは駿府《すんぷ》城を拠点に定めた。江戸と駿府の二元的な状況が生み出されつつも、家康は大御所として実権を握っていたことは周知のごとくである。とするならば、江戸が幕府の中心地であるとする点は結果論であり、所与の方針ではない。室町幕府が当初は鎌倉に拠点を定めようと検討していたという主張にも似て、少しは疑ってみる必要もあるのではなかろうか。

極論すれば、江戸城が政権の中心地として確立されたのは家康没後ということになるのではなかろうか。断定的に評価することは避けるが、少なくとも、家康在世時の江戸城とは、織豊《しょくほう》大名徳川家の本拠から徳川幕府の中心拠点に至る過程の段階にあった。

幕政における江戸城の位置については本章の意図する範囲を越えるので、大きくは立ち入らないが、家康と江戸城の関係を限定的に考える場合、年代的には江戸入封した天正一八年（一五九〇）から将軍職を離任した慶長一〇年（一六〇五）というわずか一五年ということになる。近世江戸城の本格的な改修は慶長一一年に本丸改修が開始されるが、無論、この時にも家康の関与があったことは間違いない。しかし江戸城はもはや将軍秀忠の時代である。慶長一〇年を際立たせることは避けるが、この節目を意識して、天正一八年からおよそ慶長一〇年という時期を中心として、徳川家康の頃の江戸城について、その実像にまずは迫ってみたい。家康が見た江戸とはどのようなところであったのだろうか。

その際に、まず確認しておきたい点がある。本章の目的とすることを伝える史料は決して豊かではなく、必ずしも文献資料は調った環境にない。加えて大都市東京であるため、考古学的な情報も芳しくない。また皇居ゆえに、考古学的に徳川家康期の江戸城主体部を明らかにした調査は実施されていないし、今後もあまり期待できない。したがって、家康の居城江戸城を論じることは現段階ではきわめて困難なのである。

初期江戸の画期

江戸時代を迎え、江戸の町はどのような経過を辿って、いわゆる大江戸は成立したのであろうか。日比谷入江の埋め立てと日本橋架橋が象徴的な事柄として扱われ、近世江戸城下が語られることが多い。

史料の不足という困難な状況のなかで、鈴木理生は当該の年代も含め、段階的な変遷を描き、以下のように述べている（鈴木二〇〇〇）。

江戸の都市的拡大の段階は、次のような時期に分けられる。

第一期　家康の江戸入りから幕府が開かれるまで（天正十八年〔一五九〇〕～慶長八年〔一六〇三〕）

第二期　幕府開設から豊臣家の滅亡まで（慶長八年〔一六〇三〕～元和《げんな》元年〔一六一五〕）

第三期　幕藩体制の確立期（元和元年〔一六一五〕～万治《まんじ》三年〔一六六〇〕）

この三期に分かれる変遷に、「第一期は徳川家の自営工事であり、第二期の慶長八年以後はすべて天下普請というシステムによって施工された」という説明を加えている。自営と天下普請の差に注目するのであれば、この時期区分は第三期目を立てるまでもなく、第一期と第二期—前半と第二期—後半とに分けられる。これにより慶長八年をもって工事内容に大きな変化があったことが、より明確に確認できる。

しかし注意してみれば、この変遷は江戸入封・征夷大将軍任官（江戸幕府開府）・大坂合戦という政治的出来事を画期としている。確かに政治的な事象は大きな出来事であり、江戸の都市構造を変える画期となりうるかもしれない。ただし、厳密には三つの出来事は次元を異とするものであり、はたして関連しているかはさらに検証すべき課題であろう。とりわけ天正一八年から慶長一〇年の一五年間は、鈴木に従えばおおよそ第一期に括《くく》られてしまう。問題とすべきは、征夷大将軍任官（江戸幕府開府）の慶長八年が画期となりうるかである。この第一期の内容をいま少し掘り下げてみることが必要であろう。

結論の先取りではあるが、この時期には日比谷入江の埋め立てや日本橋架橋のみならず、いままで述べてきた「大橋宿」の停廃や本町通り沿いの初期城下の設定という町場の変更も含まれる。都市江戸の変遷に関わる重要な事項が、慶長八年以前という幕府成立以前の時期に遡ることになる。この点だけを見れば、江戸の城下形成と江戸幕府成立とは次元を異とするると言えることに気づく。その意味で慶長八年という年次を意識して論じることが妥当であるかという問題が、鈴木の段階論から浮かび上がってくる。

『落穂集追加』

この点を解明するため、これまで『落穂集追加』などの二次史料に拠って、実像に迫ってきた。史料の扱いには厳密性を期すべきものの、一次史料の欠乏という状況により、江戸研究は『落穂集追加』などに依拠してきた。まずは『落穂集追加』が描く内容を把握するところから江戸城とその城下を考えてみたい。

『落穂集追加』を扱うときに注目しておきたいのは、記載内容が聞き取り調査のもと、問答形式という体裁を取る点である。発問に対する返答のなかには、「答ていわく、我等が若年の節に、さる老人が物語をして、承りたることがあります」（御当地御城始之事）、「その儀を我等が承り及んだのは」（御城内鎮守之事）、「この義は土井大炊頭《おおいのかみ》殿の家老共へ御申し聞かせるということで、大野知石が物語を承ったことです」（御城内古来家作之事）などと、発話者を「さる老人」として曖昧さを残す場合もあるが、可能な限り情報の出所を記すという姿勢を示している。なかでもしばしば登場するのは小木曽太兵衛《こぎそたへえ》という人物である。この小木曽から得た情報は実に多く、人物の来歴も本文で紹介している。少なくとも『落穂集追加』は全くの創作ではなく、聞き取り調査の上で叙述している点は注目してよいだろう。

また『落穂集追加』は、事書《ことがき》で内容を示し、短い話題を集めた、いわば説話集のような体裁になっている。その巻頭には江戸城および江戸に関する内容が意図的に配置されている。事書を掲載順に記すと以下のようになる。

御当地御城始之事
御城内鎮守之事
西の御丸之事
御城内古来家作之事
江戸町方普請之事
弁慶堀《べんけいぼり》之事
吹上御門外御石垣之事
団左衛門《だんざえもん》居屋敷之事

事書に始まる叙述から、江戸と江戸城の普請に関する記載を抜き出してみた。すると、中心部から外縁へ、江戸の空間を意識した配列になっていることに気づく。

さらに、話題が次第に外縁部へ広がっていくことは、空間の推移のみならず、同時に江戸の開発の時間的な推移も意識していたと言える。例えば、「天正十八年八月に御入国あそばされた時」（御城内鎮守之事）、「関東御入国の節」・「その後御新城が完成、次に西の御丸下の御曲輪なども完成」（西の御丸之事）、「慶長五年の関ヶ原の御一戦で御勝利した以後」（弁慶堀之事）など、話題とする内容の年代が明示されている。時間の推移にしたがって、外縁部に向かって開発が拡大する様を読み取ることができる。

詳細は後述するが、記述内容から時間を読み取ると、次のように段階を整理することができる。

第１期　　太田道灌時代段階
第２期　　遠山時代段階
第３期　　徳川入封段階
第４期　　御新城普請段階
第５期　前期　関ヶ原合戦前後段階
第５期　後期　御新城西の丸化段階

最後の第５期を前期と後期に割ったのは、関ヶ原合戦という時間的画期が第５期の始まりを準備したことが第一にある。『落穂集追加』での関ヶ原合戦の記載に書き分けがあり、それを意義づけるために、前期として取り出した。これにより江戸城の完成段階を後期と考えて、第5期を二分割してみた。

江戸城と城下の変遷過程を確認するため、以下ではそれぞれの事書から重点を抜き出し、段階ごとの様相を描いてみたい。

遠山時代の遺産

最初に第1期であるが、多分に伝説化して描かれているため、ここでは触れない。聞き取りの内容として重要と考えられるのは、第2期の遠山時代段階が最初となる。しかし遠山時代とはいうものの、徳川家康が入城した段階に見られた様相が中心となっている。それらは基本的には家康が継承しなかった様相といえよう。

まず、当時の江戸城の概括的な景観が記されている点が注目される。そこでは当時の江戸城が小さな城であったと述べている。すでに見てきたように北条領国にあっては関東計略に欠かせない重要な城であり、しっかりと築かれていたはずである。しかし、家康ほか当時の徳川家の人々にとっては小さな城であったと感じられたらしい。実際にスケールの差を意識したと考えるべきか、あるいは徳川家康を顕彰するために主観的な記述が意図されたかは定かではない。しかし、北条領国の支城レベルの城では、豊臣大名徳川家が本城とするのには小さかったということは確かであろう。

また城は「石垣などを築いたところは一ヵ所もなく、みな芝土居であった。また土手には竹木が茂っており、石垣がなかった」という構造を書き残している。加えて、平川の流れに沿った空間について「ただいまの内桜田門・大手御門のあたりより、三の御丸の平川口迄《まで》の間には、掻《か》き揚げ土居の様相の惣構えがあった。この土手には竹木生茂り、四五ヵ所ばかり、海端に出入りができる簡単な木戸門もあった」と記載する。惣構えの語彙が示すように、家康入城段階では、のちの三の丸の外壁沿いに平川が流れ、その河道が外郭線であった。石垣がない点を特筆し、「掻き揚げ土居」である点が注目される。ただし、この点は近世初頭の関東地方にあっては普通の状況であり、なんら後進性を語るものではない。あるいはこの景観も家康顕彰に結びつけられているかもしれないが、ひとまず客観的叙述だと考えておきたい。

すでに触れてきたように、城下として「平川御門の外に平川町」があったと記載する。平河の記載はあるものの町場の描写はほとんどない。このあたりは聞き取りの限界なのだろうか。そのなかで注目すべきは、本丸周辺には山王と天神社があったことを具体的に記載する点である。

また本丸から谷を挟んだ西の丸周辺の記載がある。築城以前は「只今《ただいま》の西の御丸の所は野山にて、所々に田畑などもあって、春は桃・桜・梅・躑躅《つつじ》などの花も咲き、江戸中において貴賤《きせん》が遊山する場所」であったと紹介する。いかにも郊外の様相で、江戸時代以前の江戸が小さな空間であったことを感じさせる。また西の丸麓については、「只今の外桜田御門が立つところは、構えは大きいものの扉がない木戸門を立てており、名を小田原御門と言った」という記載がある。門扉がないと記すのは外郭の門という意識があったからで、明らかに象徴的な境界を思わせる。先に触れた江戸から蒲田に向かう道は、この小田原御門を通過したと考えてよかろう。

そして西の丸周辺について「只今の八代洲河岸《やよすがし》辺り」には、都市的な様相とおよそ異なり、漁村があったと記している。詳細は後述するが「八代洲」は現在の千代田区丸の内、中央区八重洲《やえす》付近で、当時は日比谷入江沿いとされている。さらに「河岸」との記載から、日比谷入江に面する河岸があったと考えるべきだろう。注意すべきは「八代洲河岸辺り」の表記に「只今の」が冠されている点である。無論、『落穂集追加』が成立した年代には日比谷入江は埋め立てられており、河岸も存在しない。慶長一〇年代を描く「慶長江戸図」の頃であってても同様である。したがって、このあたりの記述は「只今の」の表記から慶長年間以前の史料がベースになって、『落穂集追加』が記述されていることを考えさせる。

丸の内が河岸であったとすれば、「慶長江戸図」成立以前のある段階に至るまでは、当然ながら西の丸下周辺の地は日比谷入江のままであったということになる。ゆえに、日比谷入江が存在した頃の景観をうかがい知る貴重な記載である。

家康の江戸城整備

徳川家康の江戸入城後の改築がスタートする。この時点では居住施設は北条時代のものをそのまま使用し、建物の改築は考えなかったとしていた。先に紹介した玄関構えについて、「その方は必要のないことを申す」とお笑いなされ」というやり取りは、まさにこのときである。

しかし、「惣じて江戸御普請の始りと申すは、御本丸が御手始め」とされ、本丸の拡張が実施されたことが数ヵ所で記載されている。その内容は「御入国の刻《とき》、御本丸・二の丸・三の丸と言っていたが、それぞれの間にはかなり深い空堀があったが、早速にこれを御埋させ」と、北条時代の本丸・二の丸・三の丸の間の堀を埋めるという大規模な工事であったらしい。小さな江戸城を徳川家の本城として一新する方策がこれであった。これにより本丸を拡張させたのである。それにしても現在の東御苑内の旧本丸はのちの時代の拡張工事を経た広さなので、北条段階の本丸・二の丸・三の丸をすべて合わせた範囲よりも現在の旧本丸が圧倒的に広い。スケールの差を感じることができよう。

またこのときには寺社の整理も少々あった。「北の御丸の内にあった山王の社を紅葉山へ引移すように命令があり、宮なども簡単に新しく御建立なされた。天神の社については何の御沙汰《ごさた》もなかったので、御普請の邪魔になるとのことで、平川口御門外の御堀端へ持出して差し置いた」と記されている。すでに触れてきた日枝山王社と平河天神社という、中世の都市江戸を構成した重要な社が、このときに故地を離れている。まさに中世から近世への改変を示している。

既述の中でとりわけ興味深いのは、籠城《ろうじょう》の際の対応が記載されている点である。「その上、取葺《とりぶき》（屋根が飛ばされないように置かれた石や丸太など）を置いて仕上げた屋根の上に、籠城の節に、土にて塗ったため、それの漏れ雫《しずく》が畳・敷物などに落ち、腐りきってしまったが」と聞き取ったことを書き記している。籠城に際して土を塗って防火対応としたということは他に知られていない。

『石川正西聞見集』

この時期の江戸普請について、いま一つ注目すべき史料として、『石川正西聞見集《いしかわしょうさいぶんけんしゅう》』（埼玉県立図書館一九六八、以下も典拠は同書による）がある。

とかく道三堀《どうさんぼり》の開削記事として紹介される史料であるが、丁寧に見ると普請場所が具体的に「道三堀」を示すという記述はない。むしろ江戸城と城下の普請という視点で見直してみるべき史料である。

冒頭に「関東御入国の比」と時期を明示していることをまず重視したい。その上で、最初に本丸拡張を書き記す。当初の構造は本丸および二つの郭があったとする。本丸にはおそらくは家康自身が入居し、残る二つの郭には四男の松平忠吉《まつだいらただよし》と五男の武田信吉《たけだのぶよし》の二人の家康子息がそれぞれに入居した。その後、この三つの郭を仕切る堀が埋め立てられ、「今の御本丸」になったと記載する。『落穂集追加』ほか多くの記事で後北条段階の堀を埋めて本丸を形成したとする記載、とりわけ「御入国の刻、御本丸・二の丸・三の丸と言っていたが」という『落穂集追加』の記載に対応する。

松平忠吉と武田信吉の二人の子息が入居した郭は「二の丸・三の丸」だったと明示する点をとくに注意したい。子息が利用していたということは、天正一八年（一五九〇）の入国当初は、北条段階のままの江戸城が利用されていた。

その後、ある程度の経過がありながらも、まだ「関東御入国の比」と呼ぶことができる時期に、本丸拡張工事が実施されたことになる。詳しくは後述するが、『家忠日記』では早々の普請が天正一九年（一五九一）四月である。

家康の江戸入城から一〇ヵ月後という時間差が『石川正西聞見集』に反映していると考えられる。

第6章　豊臣期の城づくり——文禄年間（一五九三〜九六年）

家康—秀忠の二頭体制

徳川家康の入国後、本丸普請が優先して行われたが、それに引き続いて西の丸付近の普請も行われた。『落穂集追加』では西の丸を「新城」と呼んでいる。「遥か後にではあるが、権現様が御隠居所として世を避けるとの仰せで、外構えの御堀・御石垣等が完成した。そのうちに御屋形も建ち揃《そろ》った。その頃は御新城といった」と記述される。この新城は家康の隠居所として構想されたと述べられているが、関ヶ原合戦後には隠居地が駿府に変更されたとも後述されていることから、江戸の隠居地新城は一五九〇年代に構想され、完成していたことになる。

また新城の中核部の普請が完了した後、現在の皇居外苑の地にあたる「西の御丸下曲輪なども」普請され、新城の城下町と目されたらしい日比谷町も整備された。「以前よりあった猟（漁）師町近辺の芦原《あしはら》は、おおかた築地《つきじ》したかのようになり、猟師町もほどなく一続きの町屋となった。町家では肴店《さかなだな》ほか種々の売買物があった」とし「殊のほか繁昌《はんじょう》していた」と記している。日比谷の語源について水江漣子は「ひびとは、「海中の魚を取る竹」を意味する篊《ひび》であろう」（水江一九九二）と指摘しており、同所が漁村であったとする記載に関連する。

新城の普請で発生した残土で「八代洲河岸辺り」の漁村の芦原が埋め立てられ、土地が造成されて猟師町が拡大し、「一つゝきの町屋」となったとする。この時期に町場が拡大する画期となったことがうかがえる。のちの時代には武家地となり、日比谷の町場は移転することとなるが、一五九〇年代に新城と関係を持って日比谷町が成立していた。

「築地」などと埋め立てに関わる記述も見られることから、日比谷入江の埋め立てがこのときに実施されていたこともうかがえる。他方、この地点は土地が高いと記しており、ここで記している「西の御丸下曲輪」は直接に日比谷入江およびその湿地を含んでいなかったらしい。ただ西の丸下の郭内に所在する和田倉遺跡は日比谷入江の中であった。これらから考えると、この段階での西の丸下の郭は、現在も構えられている堀によって区画された形状ではなかったと考えられる。日比谷入江の埋め立ては開始されていたものの、入江全体の埋め立てには及んでいなかったと推測される。

どうやら豊臣期の徳川家康が築いた江戸の大きな特徴は、家康－秀忠の二頭体制という権力のあり方が、そのまま本丸周辺の江戸城－新城、すなわち二つの城とそれぞれに関わる町場という、都市空間の設計に表現されていたことになる。本章で詳しく見ていこう。

天正末・文禄期の築城

前章で『落穂集追加』の記載を紹介しながら、徳川家康期までの江戸城と城下の様相を概観してきた。この頃の江戸普請の状況について、ほかの史料と対照してみたい。

通説では小田原合戦後の江戸城普請については、『家忠日記』が重要史料である。

一般に家康の江戸入りは天正一八年（一五九〇）の八朔《はっさく》すなわち八月一日と言われるが、『家忠日記』によると家康は七月一六日に小田原を発し、同一八日に江戸へ到着したと記す。それ以後、家康は新たな領国の経営に乗り出した。江戸城の普請は翌年になって開始されたらしい。『家忠日記』に見える江戸城の普請記事は以下に整理する四年間にとどまる。

一回目　天正十九年（一五九一）四月
　・江戸城普請の初回であろう。
二回目　天正二十年（文禄《ぶんろく》元年）三月から五月

・「御隠居御城堀」とあることから、新城の普請。
・五月三日に「普請出来」とあり、目的の達成。
三回目　同年七月から八月
・八月二二日に「江戸普請出来て」とあり、目的の達成。
四回目　文禄二年正月から三月
・三月三日に「普請　漸《ようやく》　出来候て」とあり、目的の達成。
・三月二一日に「普請出来候て」とあり、目的の達成。
五回目　同年六月から七月
・七月二七日に「江戸普請出来候て」とあり、目的の達成。
六回目　同年八月
・八月二三日に「ふしんそんし候間、早々普請」とあり、損壊の修復対応。

概要をこのように整理したところで、まず指摘できる点は、『落穂集追加』で分析した第3期徳川入封段階と第4期御新城普請段階の始期が、『家忠日記』ではそれぞれ一回目と二回目に対応する。『家忠日記』の三回目以降の普請場所が明らかにならないが、『落穂集追加』では続く第5期が関ヶ原合戦以降となるので、『家忠日記』の記載はすべてが『落穂集追加』の第3期と第4期が描く内容と関連することになる。すなわち本丸の拡張と新城の築城という二城の普請の時期である。

『家忠日記』で注目すべきは、松平家忠は一回の普請従事におおよそ二ヵ月程度参画している点である。文禄二年（一五九三）二月一四日条には「普請番かハり候て」と交代した旨が記される。これらから『家忠日記』に記載された普請は、江戸城普請のうちで松平家忠が参画した番役であり、全体の江戸普請は普請番の交代制によって継続的に実施されていたと考えられる。普請場所も『落穂集追加』の第1期および第2期の場所、すなわち本丸周辺と西の丸周辺が並行して、継続的に実施されていたのだろう。さらに、家忠が参画した普請番ごとに「出来」という記載があった。普請番による作業は、その当初に目標が定められおり、目標に到達したことを示している。この時期の江戸普請は綿密な計画で実施されていたと考えるのが妥当である。

ところで『家忠日記』では、この後に伏見の普請の記載が続き、江戸城の普請記事は見られなくなる。この伏見普請により江戸普請は中断し、その期間は関ヶ原合戦にまで至ったと考えられている。しかし、江戸普請が普請番の編成による作業であり、綿密な計画を持っていたと考えるなら、伏見普請に携わった松平家忠が『家忠日記』に記録をとどめずとも、他の史料の記述から余人をもって普請は継続していた可能性が高い。したがって、文禄三年以降の江戸普請は継続していたと考えておきたい。

いま一つ『家忠日記』の記事で注目しておきたいことがある。筆者の松平家忠は江戸普請に先立って、天正一五～一七年（一五八七～八九）に駿府城の普請に関わっていた。この駿府普請において、家忠は「石垣普請を行った」と明確に書き留めている。この事実に対して江戸普請では、石垣普請を行った旨の記載がない。この相違を前提にするならば、少なくとも文禄二年以前の江戸普請では石垣普請が実施されなかったことになる。北条時代と同じく豊臣大名徳川家の江戸城も石垣づくりではなかったことになる。

なぜ駿府では石垣普請を行い、江戸では行わなかったのか。あるいはなんらかの条件や規制によってできなかったのか。近年、静岡市によって実施された駿府城発掘調査の成果とも関連し、今後に大きな課題を提起している。

「慶長江戸図」

近世江戸城に関する絵図や絵画は多数ある。ただし、そのほとんどが寛永年間（一六二四～四四）以後であり、元和年間（一六一五～二四）以前の様相を語る絵図や絵画はきわめて少ない。この条件のなかで、当該期の様相を語る絵図として、以前より東京都立中央図書館所蔵「慶長江戸絵図」が引用され、紹介されてきた（図18）。

平成二九年（二〇一七）二月、松江歴史館所蔵『極秘諸国城図《ごくひしょこくしろず》』所収「江戸始図《えどはじめず》」が発見され、話題を集めた。これを契機として、「江戸始図」を含む一連の「慶長江戸図」を検討する機会を得た。正直なところ、当初は先の都立中央図書館本の「慶長江戸絵図」しか知らなかったこともあり、多数の写本がいまも伝えられていることに驚いた。

分析で気づいたのは、図の書き示す内容には誤写では片づけられない微妙な差異があった点である。「慶長江戸図」には、写本ながらも江戸時代初期の江戸城の変遷に関わる重要な点も含まれていた。また細かな差異はともかくも、図には天正末・文禄期の築城の反映と考えられる描写もあった。注目に値する絵図なのである。

なお、「慶長江戸図」は所蔵機関により、「慶長江戸絵図」・「慶長年中江戸図」・「慶長十三年図」などとさまざまな名称で呼ばれている。本書においては慶長期の江戸城を描写する一連の絵図を、概念として表現する場合は「慶長江戸図」の呼称を使用する。

さて、「慶長江戸図」については、多くの論者により語られているが、その特徴は以下のように指摘されてきた。

1　基本的に写図であり、異同もあることから注意を要する。

2　測量技術を踏まえた早い段階の絵図。ただし、測量図となった段階は、原図の時点とするか、あるいは後年の写図作成の時点であるとするかで見解が分かれる。

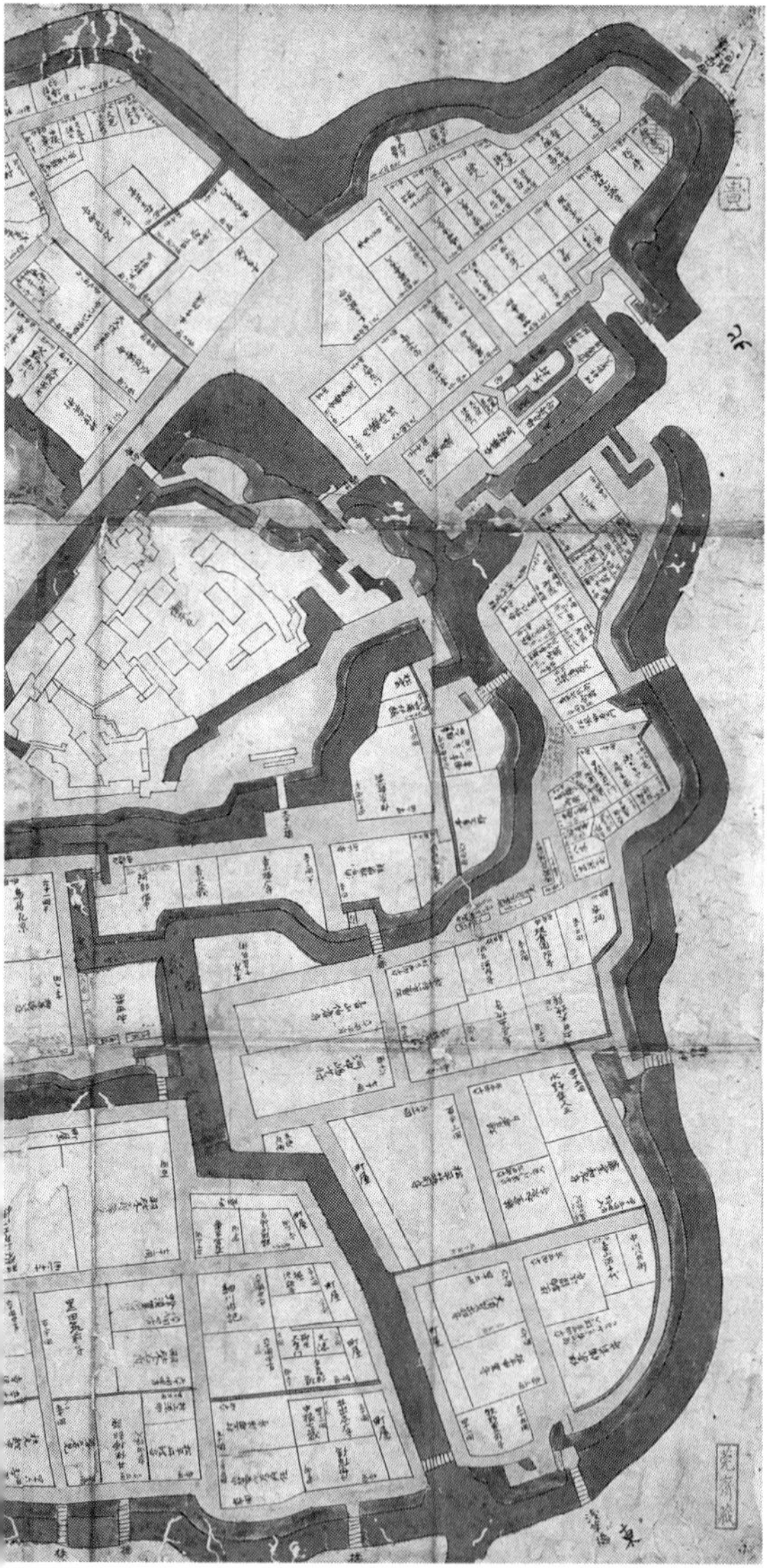

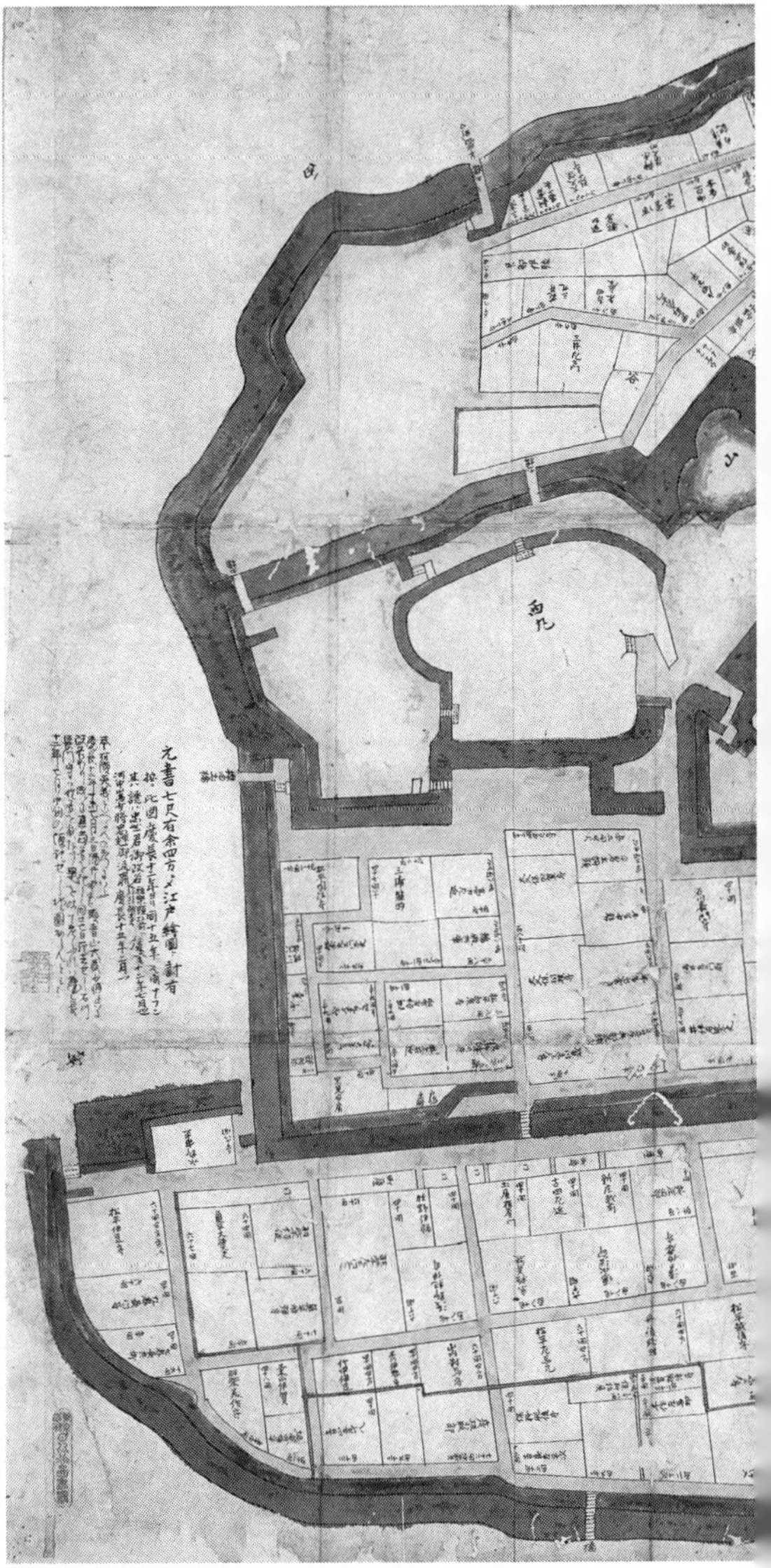

図18　「慶長江戸絵図」

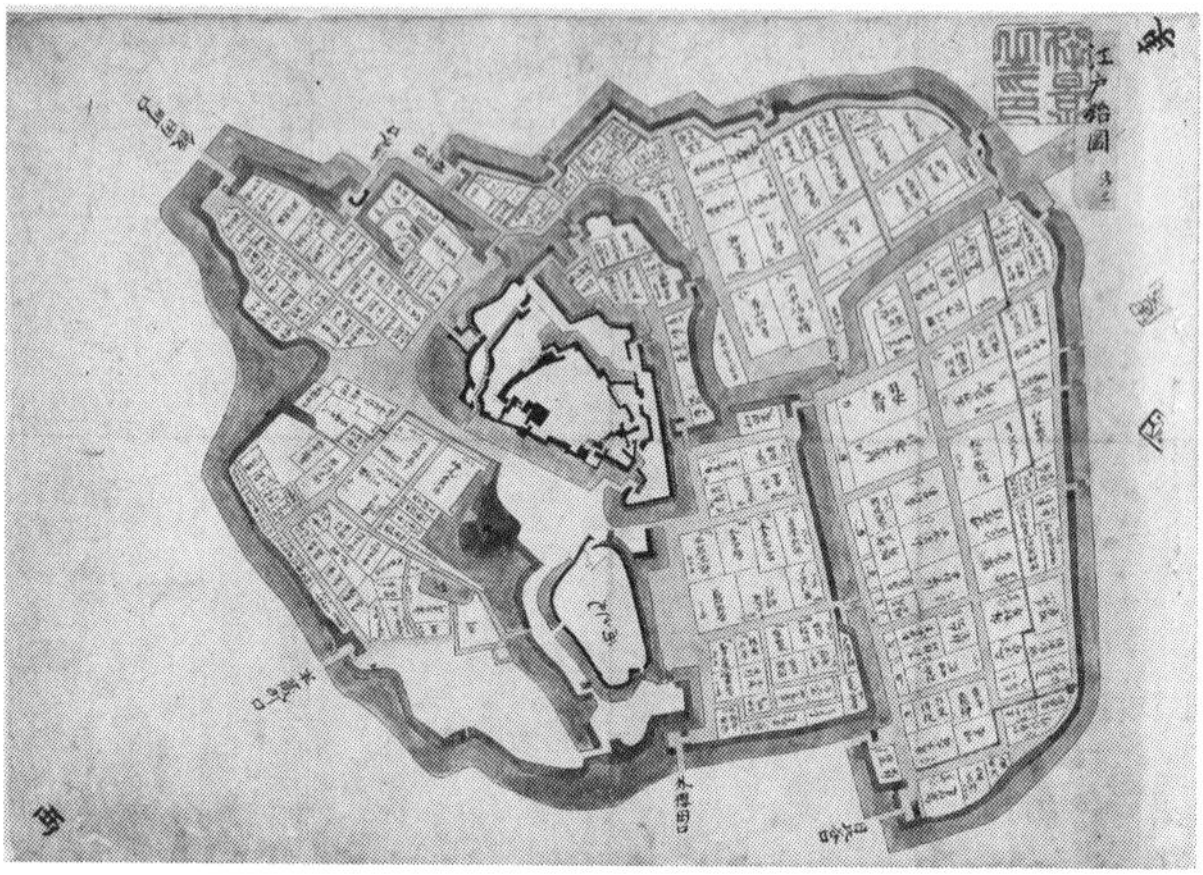

図19　『極秘諸国城図』所収「江戸始図」

3　原図に記載された内容は慶長期の情報であり、それは写図に反映されている。

4　原図は一種の沽券図のような、大小名への賜邸の控え図ではなかろうか。

5　原図は、幕府が作って官庫に納めておいたと伝えられる地図の可能性がある。そして、原図の段階で測量図とする見解においては、作成で培われた幕府の技術が民間へ流出するまでにタイムラグがあることを想定する。

概して、写図としての危うさを認識しつつも、その情報を肯定的に考えるという現状にあると言ってよかろう。

　そのような研究状況のなかで、「江戸始図」が登場した（図19）。鑑定にあたった千田嘉博は自らの見解を報告し、その内容を展覧会や書籍などで発表した。

確かに「江戸始図」は千田が指摘するように、「慶長江戸図」との関連が指摘できる。まず描写する江戸城の範囲が一致すること、「本丸北側の丸馬出《まるうまだし》」が描写されていること、城下に記載される屋敷主が一致すること、などの点である。細部について異同は存在するが、おおむね同じ系統に属する写図である。このことをまず確認しておきたい。

馬出の流行

「慶長江戸図」に描かれた全体的な年代は慶長期の後半となるので、詳細についてはのちに論じることとするが、ここでは本図には天正末・文禄期の江戸城普請の結果が反映されているという視点で図を読み込んでみたい。

その際に、先に『落穂集追加』の記載を前提として江戸の時期区分を考えると、第3期徳川入封段階と第4期御新城普請段階を経ている点に大きな意味がある。この二つの時期は一五九〇年代、徳川家康も豊臣大名徳川家であり、図にはその時代の城づくりが反映しているはずである。

この頃の江戸城の構造は、基本的に本丸周辺の江戸城と西の丸周辺の新城という二つの城が並立する状況で、一体構造ではなかったという点はすでに述べた。「慶長江戸図」は一体化した段階の図ではあるが、その豊臣大名時代の普請が反映されているという視点に立って、

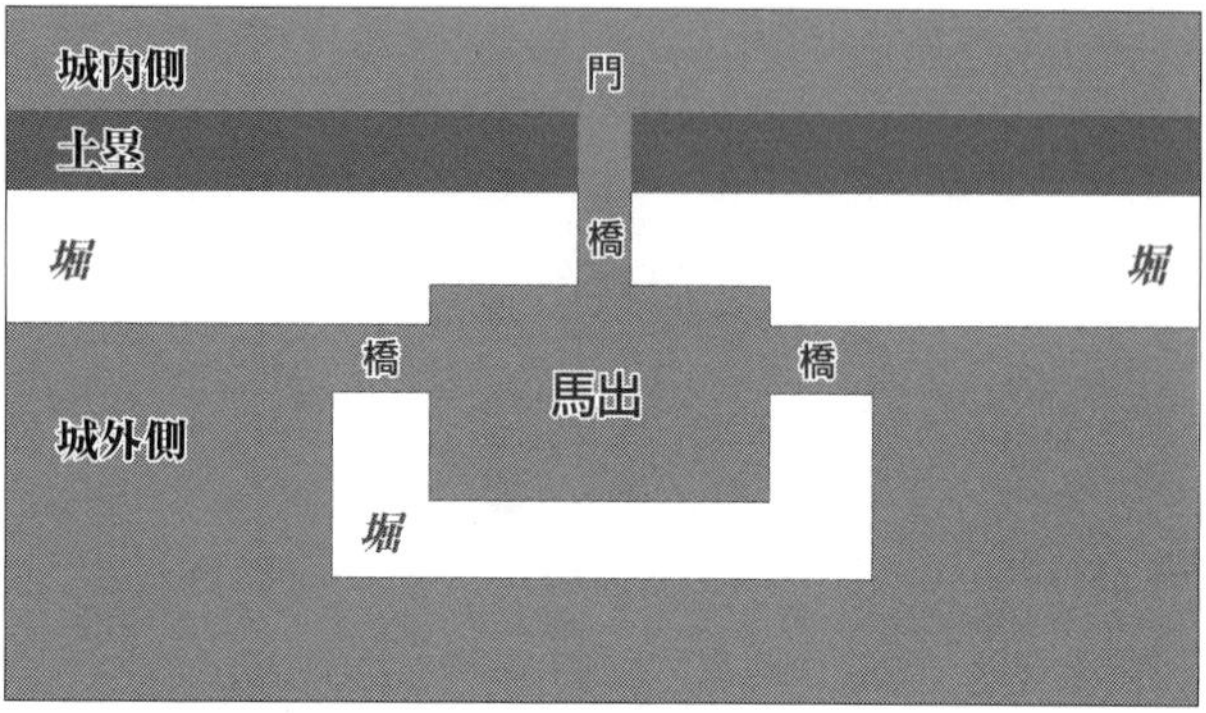

図20　**馬出**　模式図

江戸城の構造を復元してみたい。

まずは「慶長江戸図」によると、本丸の北側に三連続の馬出が配置されていた。

そもそも馬出とはなんであろうか。城好きのなかでは周知の語彙であるが、一般にはあまり使われない言葉かもしれない。簡単に説明すると、城の門（虎口《こぐち》）の前面にある堀に囲まれた空間であり、より内側への侵入を阻むための施設である（図20）。

軍事的な施設であるが、同時に城主の権威をも表していた。今日にあっても門は家の象徴であるように、馬出を構えることは、戦国時代から豊臣期において、とりわけ流行した象徴的な施設であった。接続する本丸や二の丸などの郭より面積は狭く、内側・外側とはともに橋で連結され、馬出の外側に向けては門（虎口）を構えていた。四周に堀をともなうことが原則であることから、横堀と土塁を多用す

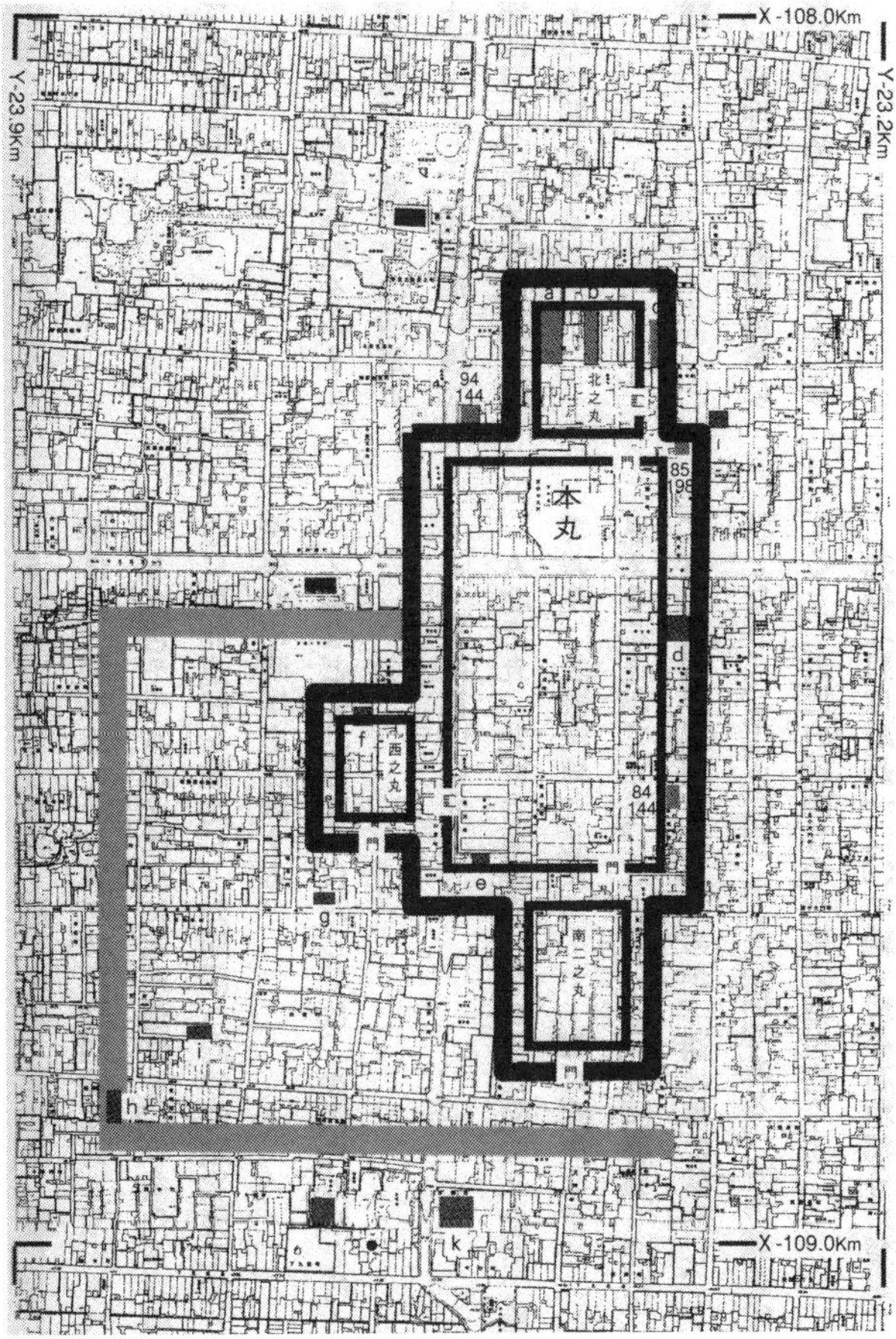
X -108.0Km
Y-23.9Km
Y-23.2Km
北之丸
94
144
85
198
本丸
d
西之丸
f
84
144
e
g
南二之丸
h
k
X -109.0Km

図21　聚楽第復原図

る平城タイプの城館に多く用いられる。そのため切岸《きりぎし》と堀切を主要な要素とする山城タイプの城館には見られない。このような特徴を有する施設が馬出である。

戦国時代には、武田氏や小田原北条氏などの東国の大名が馬出を構えていた。起源はさらに遡ると思われるが、詳細はわかっていいない。そしてこの東国で生まれた馬出を豊臣秀吉も採用する。中井均は文禄・慶長期の豊臣系の城館の特徴の一つに大馬出があると指摘している。「豊臣秀吉が天正十四年（1586）、洛中《らくちゅう》に築いた聚楽第《じゅらくてい》の平面構造を受け継ぐものである。聚楽第自体は文禄四年（1595）に徹底的に破城を受けており、その構造をしることはできないが、『浅野文庫諸国古城図《あさのぶんこしょこくこじょうず》』をはじめとする絵図と発掘調査の結果から、長方形の本丸と、その前面に馬出が附く構造であった。同年織田信雄《おだのぶかつ》によって築かれた清須城《きよすじょう》もほぼ同形態を示す。このプランを最も忠実に受け継いだのが天正十七年（1589）毛利輝元《てるもと》によって築かれた広島城である」と述べ（図21）、「近世城郭の流れとして聚楽第型がある」と論じていた（中井二〇〇三）。

各地の大馬出

中井は秀吉が京都に構えた聚楽第を基点に、馬出を配置するという構造の影響をうけた城館として清須城と広島城を掲げた。豊臣期の馬出は基本的に大型の角馬出《かくうまだし》で、二の丸・出

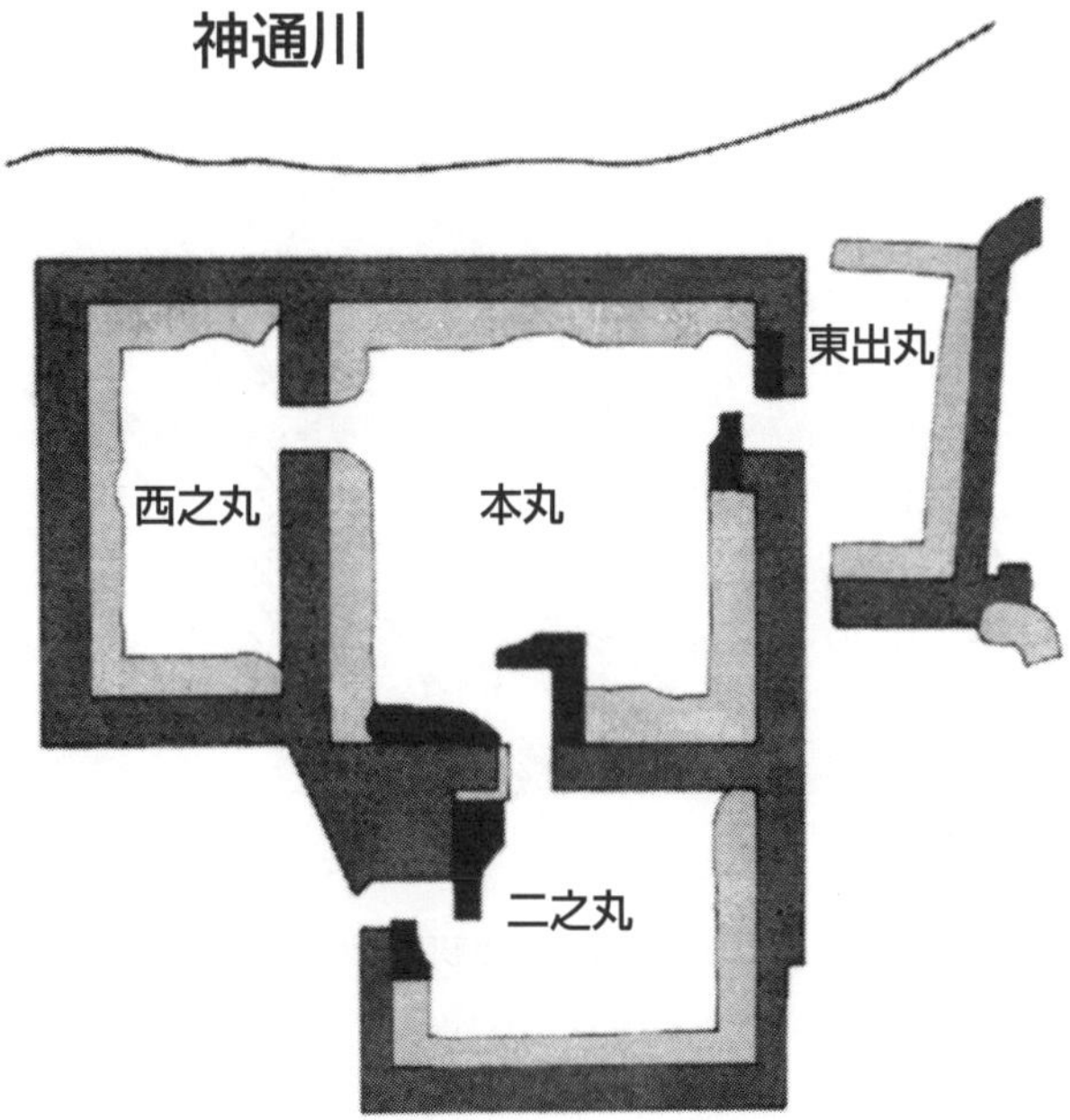

図22　**富山城**　慶長期内郭構造図

丸・曲輪などと呼称され、曲輪として空間が活用された。そもそも馬出は戦国時代の東日本で事例を見ることができ、中井が述べた聚楽第型の馬出構造もこれらとの関連の中で考えるべきであるが、豊臣期の展開は「近世城郭の流れとして」重視すべきであろう。この聚楽第型の城館について、以下でいくつかを確認してみたい。

富山城　富山県富山市（図22）

加賀《かが》藩の支藩である富山藩の主城。方形の本丸は神通川《じんづうがわ》を北側に背負い、残る三方向に虎口を開き、大馬出を付属させる。それぞれ東出丸・西之丸・二之丸の呼称がある。聚楽第と同様に主郭の三方向に大馬出を配置し、酷似した構造を呈する。

天正七年（一五七九）に佐々《さっさ》成政《なりまさ》が入城以後、慶長二年（一五九七）に前田利《まえだとし》長《なが》が入城し、同一〇年には藩主を隠退した利長が富山城を修築して居城とした。全体が整えられたのはこの頃であろう。

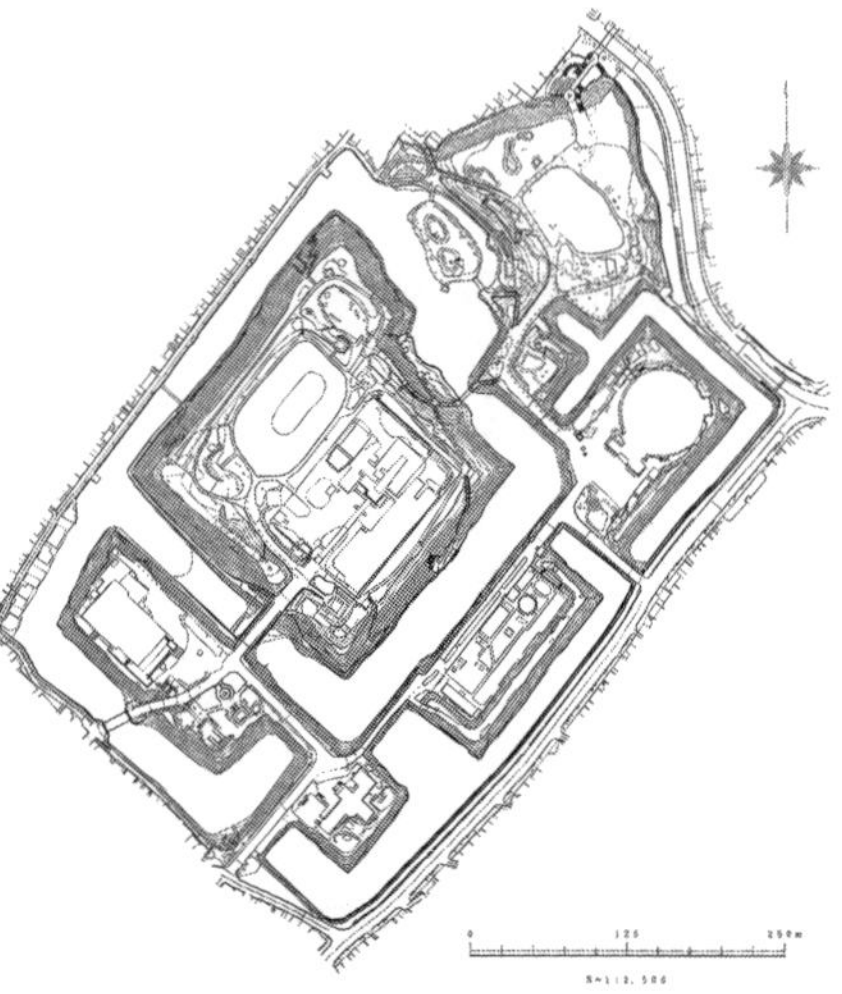
図23　高岡城跡現況地形図

高岡《たかおか》城　富山県高岡市（図23）

およそ方形の本丸の南北に虎口を設け、馬出を配置する。そのうち南側の大馬出が二の丸と呼称された。他方の北側には小さめの角馬出を配置する。また東側には本丸側に虎口をともなわないため馬出ではないものの、明丸《あきまる》と呼称された方形の曲輪が配置された。この明丸が本丸と虎口・橋で連結されると、富山城に似た三方向に大馬出を配置するプランになる。あるいは計画変更で二方向だけとなったの

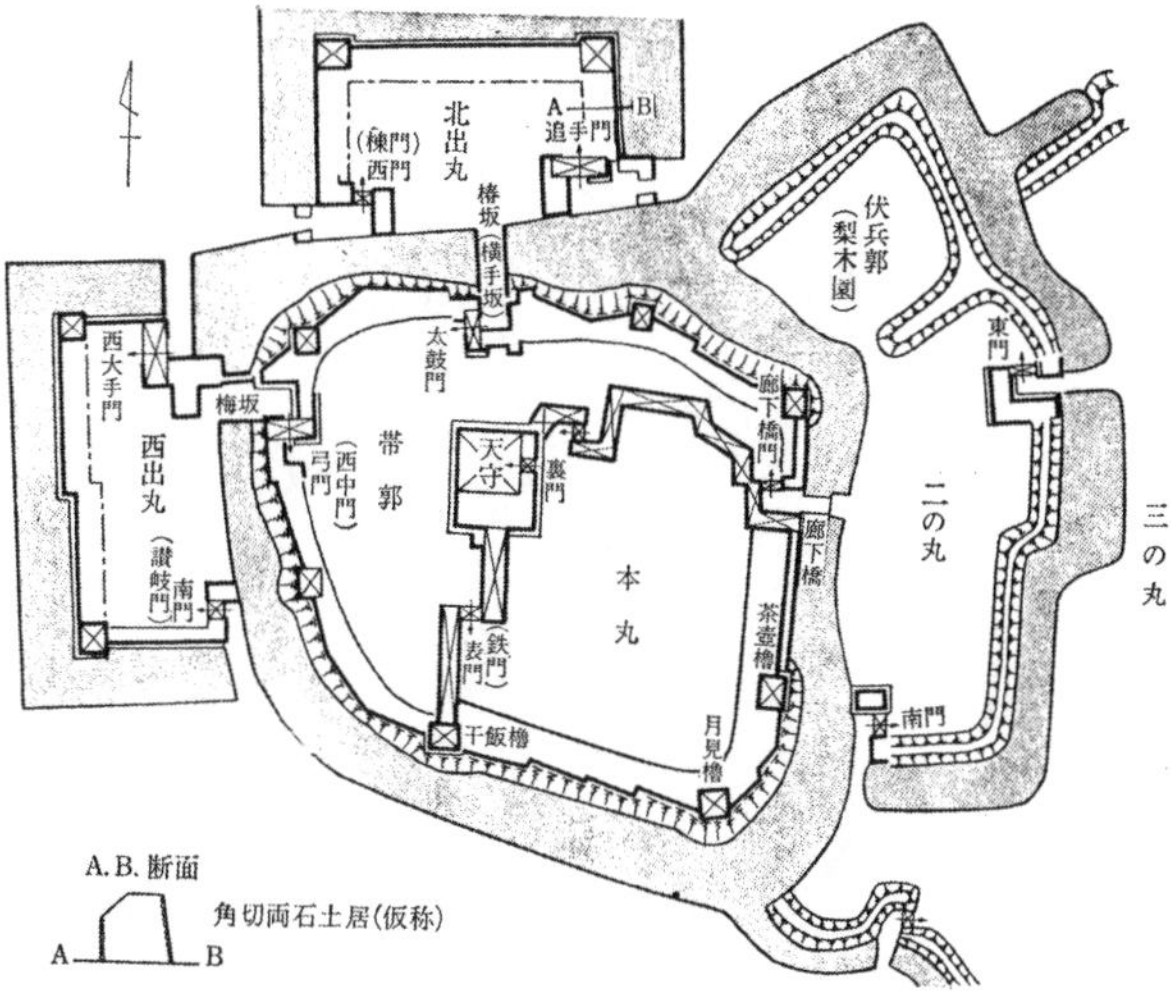

図24　鶴ヶ城要図

であろうか。

また二の丸と明丸、北側の角馬出と明丸も角馬出で連結される。方形の本丸の外周に多数の馬出を配置、連結し、本丸を囲みこむ構造となっている。

慶長一四年（一六〇九）、富山城が類焼したため、前田利長が高岡城を築城した。設計はキリシタン大名の高山右近《たかやまうこん》という説もある。

鶴《つる》ヶ《が》城　福島県会津若松市（図24）

戦国大名蘆名《あしな》氏の黒川《くろかわ》城主郭をそのまま転用したといわれ、外形が丸みを帯びた本丸を中心に東へ続く台地上に二の丸・三の丸が配置される。本丸内部には仕切りが設けられ、天守が聳える。この本丸の北および西方向に北出丸・西出丸と呼ばれる大馬出が普請されている。

北出丸と西出丸が普請された年代は明らかではないが、天正一八年（一五九〇）の豊臣秀吉の奥羽仕置によって蒲生氏郷《がもううじさと》が入城した。普請はそれ以降である。

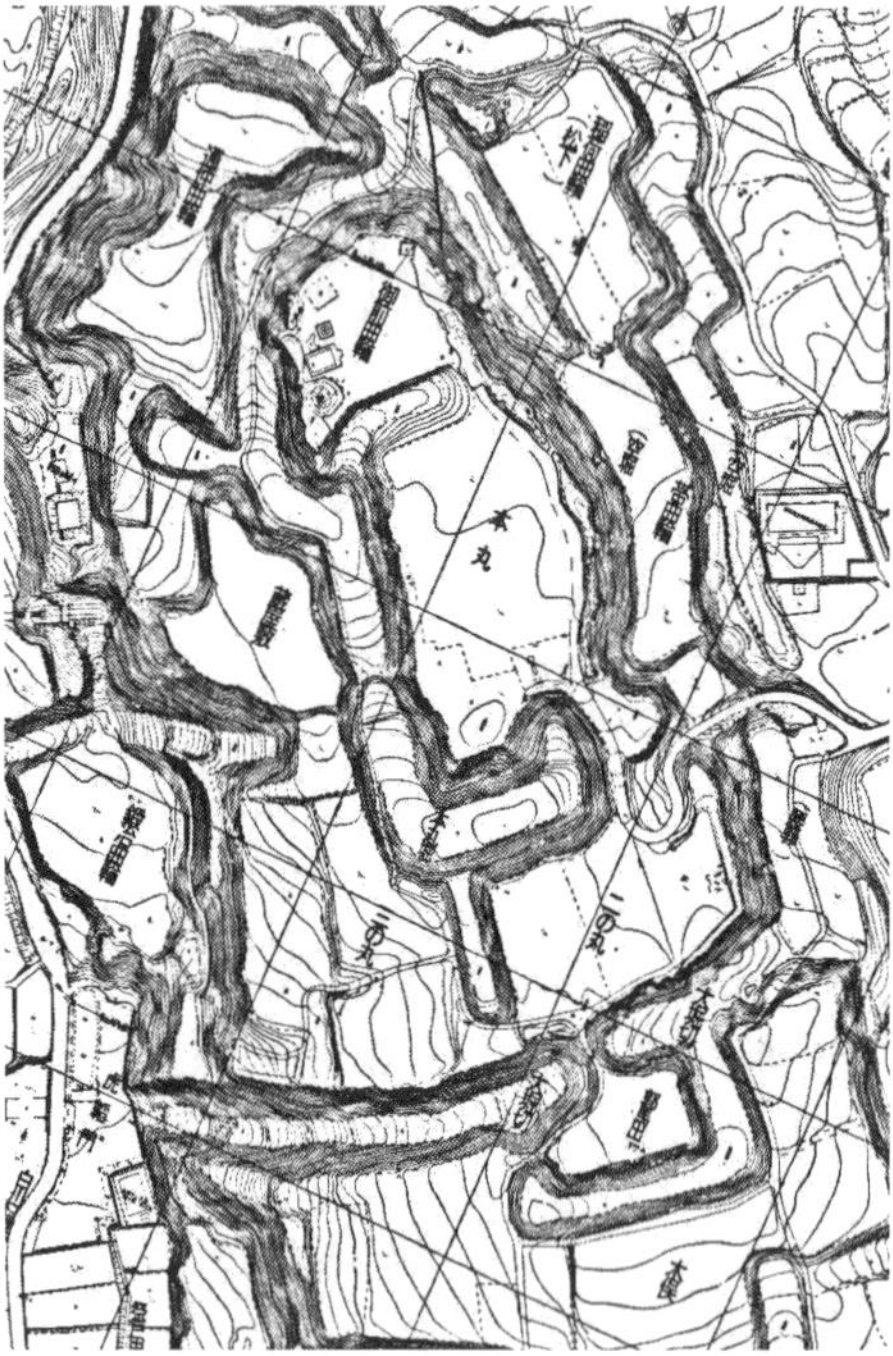

図25　**箕輪城測量図**　部分

箕輪《みのわ》城　群馬県高崎市（図25）

最初に築城された年代は明らかでないが、およそ一五〇〇年頃と考えられている。その後、武田信玄が上野国の拠点とし、そして滝川一益《たきがわかずます》が数ヵ月、さらには北条家一門の北条氏邦《うじくに》が八年間程度にわたって活用した。小田原合戦後には、徳川家が関東に入部し、秀吉の命により井伊直政が入城した。直政は在城八年で箕輪城を廃城とし、高崎城に移った。したがって現状の遺構は井伊氏段階

のものと考えられ、発掘調査によっても下層に北条氏邦期の遺構が確認されており、井伊直政による大改修が想定されている。

本丸を中心に南・北・西の三方向に馬出を配置する。このうち南側は小型の馬出（あるいは外枡形）である。このさらに南側に二の丸・大馬出を直線状に配置する。二の丸も大きさや形式の上では大馬出と解釈することも可能である。この場合、大中小の角馬出を直線状に三連結する構造を採用する。残る北には御前曲輪《ごぜんぐるわ》、西には蔵曲輪《くらくるわ》を配置する。蔵曲輪は自然地形が影響したのか、形状は不整形であるものの、ここも馬出であろう。本丸との連絡は発掘調査により木橋の痕跡を確認した。また北側の御前曲輪とは門と土橋で連結するが、御前曲輪から外側への出入り箇所は確認されていない。おそらくは西側への連絡は木橋ではなかろうか。基本的に主郭から放射状に馬出を配置する構造となっている。

小田《おだ》城　茨城県つくば市（図26）

方形の主郭から南・北・東の三方向に虎口を開き、その外側に木橋で連結して中規模程度の馬出が構えられていた。南・北二ヵ所の馬出は角馬出であるが、東側は自然地形を利用した不整形な空間である。機能的には虎口前の空間は馬出に類するものの、厳密にいえば東側は外部に向けて橋をともなっておらず、ほぼ郭の幅のまま細長く北に続いており、馬出の形状にはなっていない。あるいは仕切りなどがあったのであろうか。やや微妙な点を含むが、

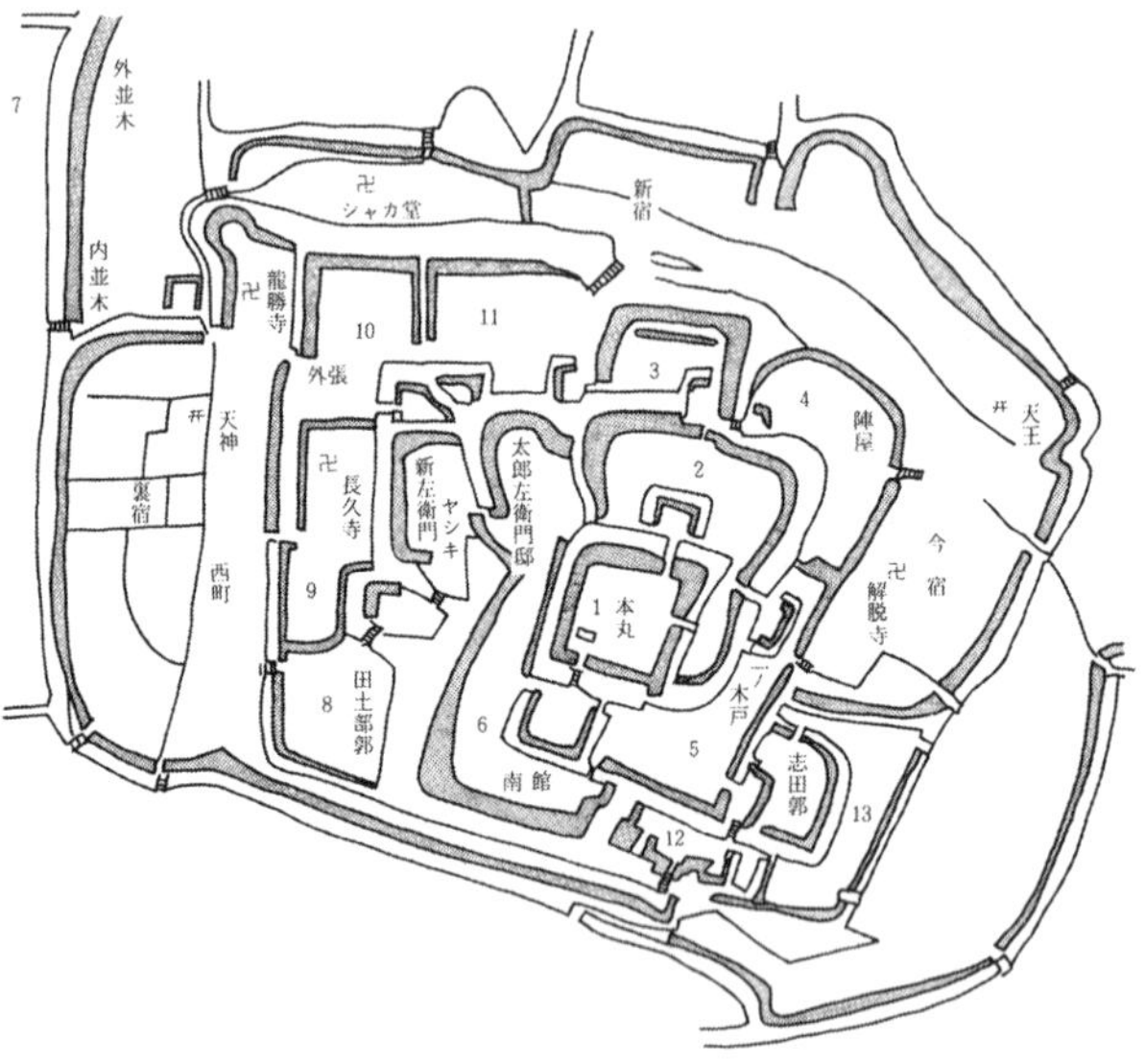

図26　小田城古図

考え方としては小田城も主郭から放射状に馬出を配置する構造である。

南北朝時代に北畠《きたばたけ》親房《ちかふさ》が『神皇《じんのう》正統記《しょうとうき》』を書いた場所として著名な城である。歴代小田氏の本城であった。戦国時代末に小田氏治《うじはる》が小田城を失って以後、佐竹家が管轄する城館となり、慶長七年（一六〇二）に佐竹家が秋田転封となるに及んで、廃城となったと考えられている。南側の虎口は最終段階の改修であることが確認されており、馬出を配する構造は佐竹段階での改修と考えられる。

篠山《ささやま》城　兵庫県丹波《たんば》篠山市（図27）

西国に睨《にら》みをきかせる位置に天下

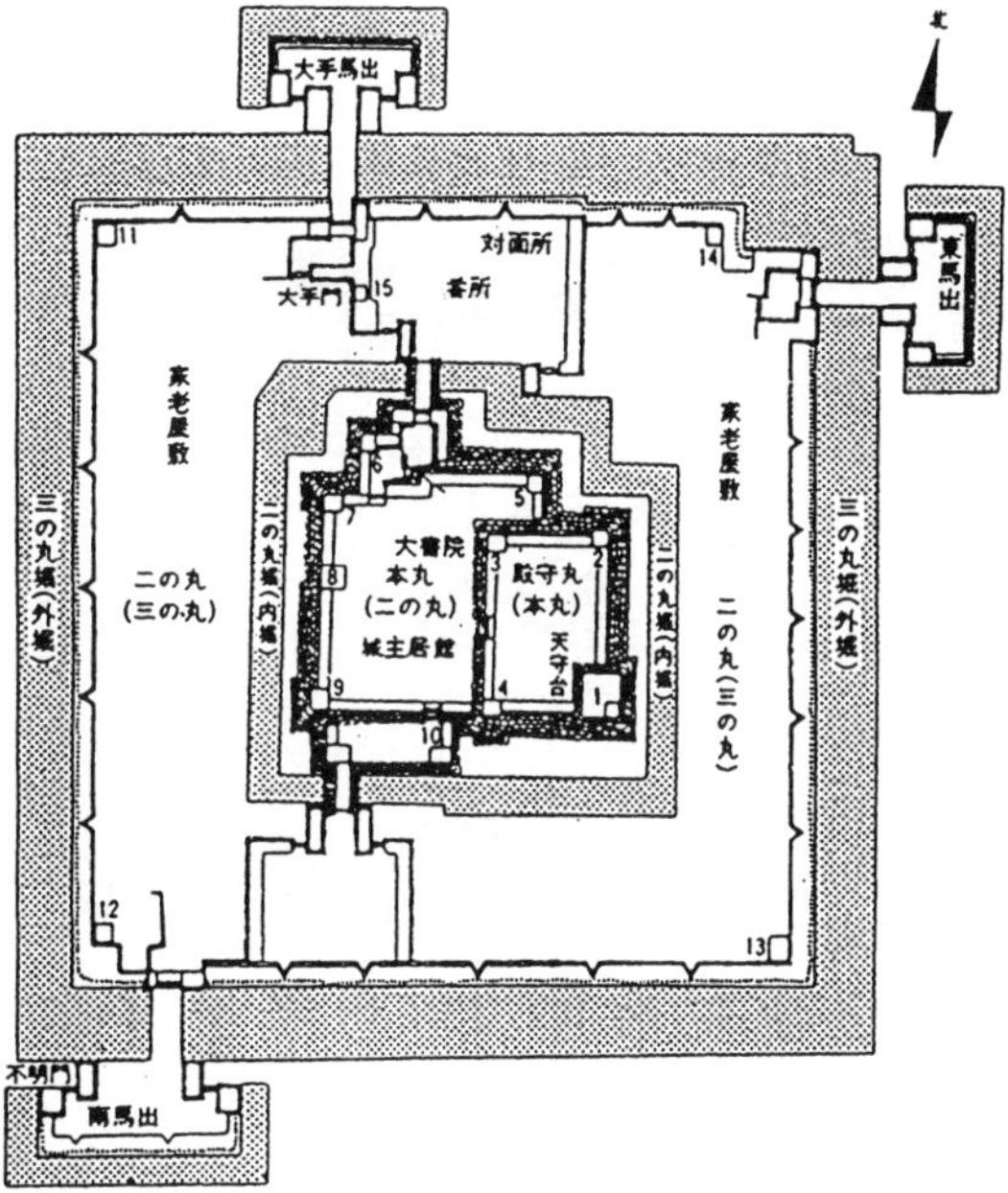

図27　篠山城

普請により築かれた城館。慶長一四年（一六〇九）に着工し、竣工したとする。基本的に平城プランで築かれるが、地形的には小山を利用している。方形に二重区画をめぐらし、その外側の南・北・東の三方向に向けて放射状に馬出を配置する。

名古屋城　愛知県名古屋市（図28）

尾張徳川家の名古屋城は慶長一四年（一六〇九）に、徳川家康が築城を決定し、翌年のうちに完成したという。この城の特徴は本丸にあり、同

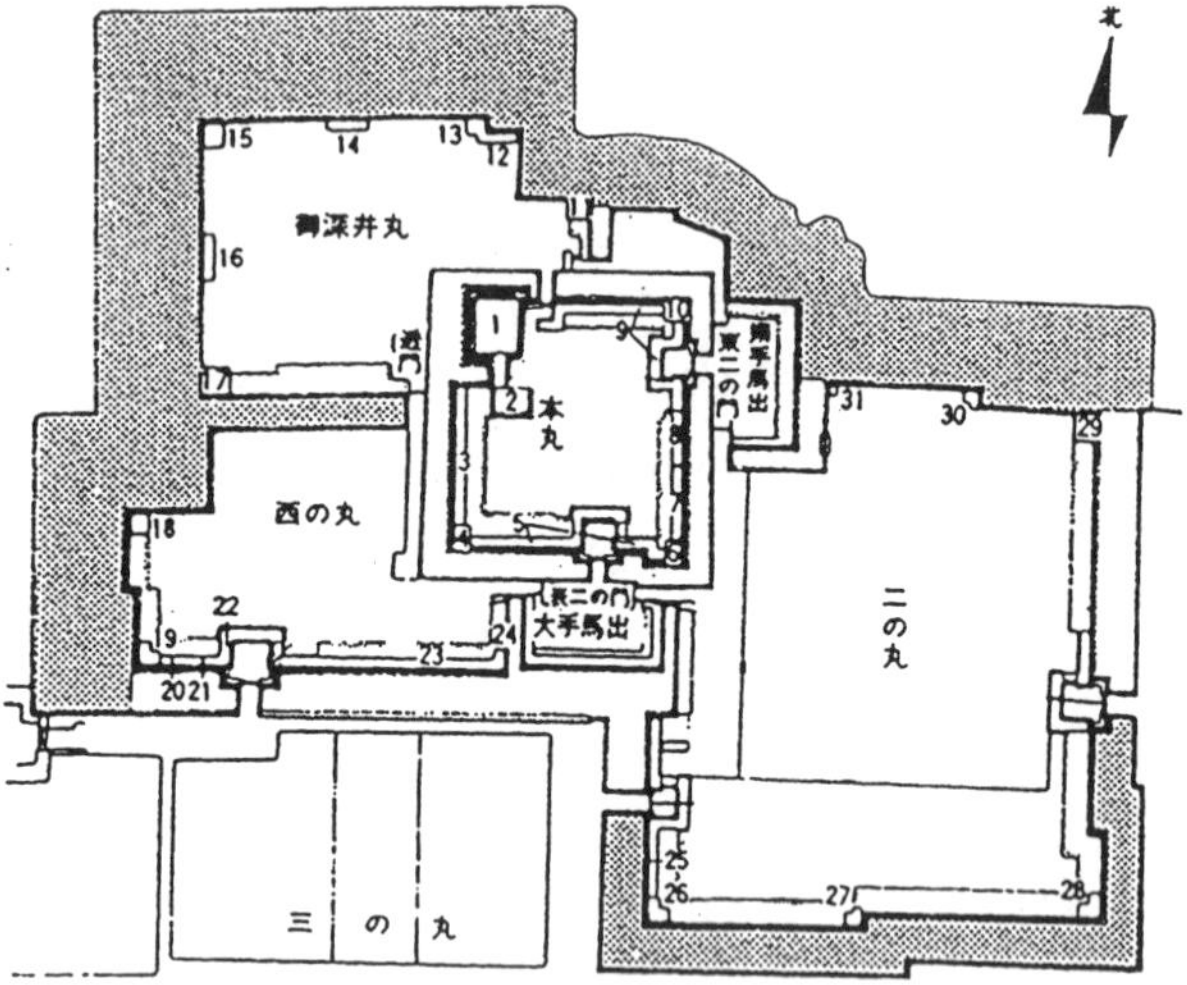

図28　名古屋城

所が将軍家の空間で、上洛の宿所として確保されていた。そのため二の丸が尾張徳川家の政庁であった。

本丸は方形に構えられ、南と東に大馬出が構えられる。北西方向は名古屋城普請の過程で変更が重ねられたようで、天守の中から外へ通行することを計画した時期もあった。結果的にこの方向に大馬出は普請されなかったが、御深井丸《ごふかいまる》が大馬出の役割を吸収したのだろう。

以上、各地の城館の馬出を概観した。このうち富山城・高岡城・鶴ヶ城がいわゆる豊臣大名による普請。箕輪城・小田城は文禄期頃に普請された東国の城館。篠山城と名古屋城は徳川家康による天下普請の築城である。このように、文禄期から慶長期にかけて、主郭などの二ないし三方向に馬出を配置する平城プランが流行していた。

そもそも徳川家康は、戦国期以来、丸馬出を構える城館を築いていた。家康はその系譜をひき、江戸時代になっても篠山城・名古屋城に見られるように、自らが関わる城館に時流を踏まえつつ馬出を構えていたのだった。

馬出の普請命令

ところで、この馬出について『落穂集追加』には興味深い叙述がある。秀忠期にあった江戸城西の丸西側の高石垣化計画の中止に関わる話題である。このなかでは本多正純《ほんだまさずみ》が、「江戸城には馬出が一つもないので、普請すべき」と徳川家康に提案している。「どこであっても一ヶ所は馬出を普請するように命じられていることもあるので」と、命令を踏まえた計画であるという。

本多が馬出を家康説得の根拠としたこと、そしてなによりも当時の城館に馬出があることを話題としていることから、この馬出普請命令を発した主体は豊臣政権ということになろうか。あるいは少し控えて、馬出を普請することが当時の流行であったととらえたほうがよいかもしれない。いずれにしても、城づくりの時代性を認めることができる、注目すべき重要な挿話である。

ただし本多正純の発言とは異なり、家康期の江戸城本丸北に馬出が存在し、また後述するように南側にも馬出があった。南側の馬出は、慶長一〇年代の本丸南側の正面化への改築過程において堀が埋め立てられ、北側の馬出もその後の本丸拡張のなかで全体が埋め立てられた。いずれもが消滅してしまったのである。同時代を生きた本多正純がその経過を知らないとは思えない。それにもかかわらず、この話題が盛り込まれていることは、この挿話の創作性を指摘しなければならない。

『落穂集追加』の馬出の話題は、事実とはそぐわない面を持つ。しかし本多正純は馬出が各地に普請されている状況に照らして、馬出を普請することの背景を語っていると思われる。聚楽第型の馬出が流行したことを説明する重要な鍵ととらえたい。

三角形馬出

本丸の様相を具体的に見てみよう。適宜26頁の江戸城図（図4）も参照されたい。本丸の入口は南北二ヵ所であり、北側には馬出があることは以前より指摘されていた。しかし南側の下埋門《しもうずみもん》付近に馬出が存在することについては指摘がなかった。「江戸始図」以前の状況を描く、「慶長江戸図」を見ると、富士見櫓《ふじみやぐら》下に三角形に水堀をめぐらす空間がある（図29）。

下埋門の前面、富士見三重櫓の下の空間が三角形の大馬出であることに気づく。本丸南側の門（虎口）に接続する大馬出である。三角形の形状の馬出は珍しい。馬出から西の丸側は蓮《はす》池門《いけもん》が構えられている。また大手三ノ門の東方向へは虎口は設けずに細長い帯曲輪が続く。絵図から帯曲輪と本丸塁壁の間には、白鳥濠《はくちょうぼり》に続く空堀あるいは水堀が存在したことがわかる。

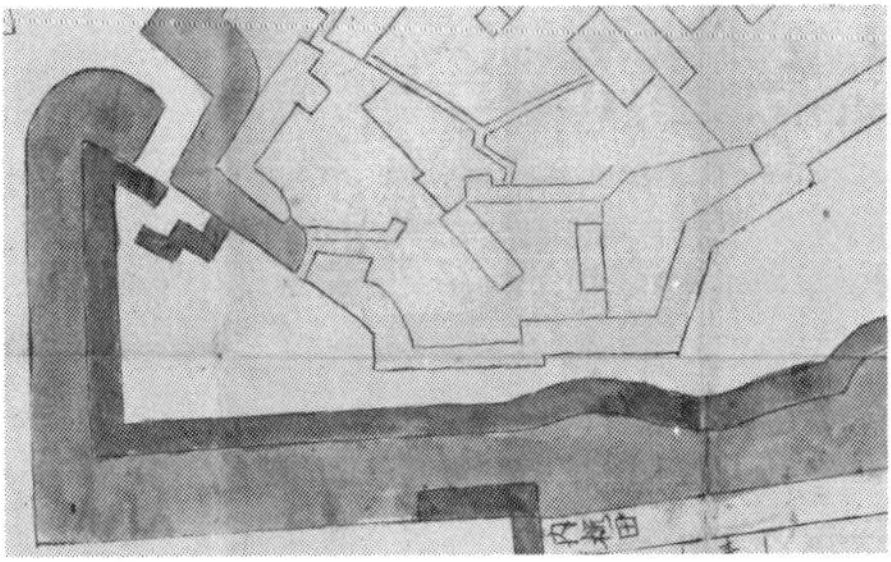

図29　三角馬出付近図

家康の段階の本丸は、南北に馬出を配置し、のちに二の丸御殿が営まれる南北の馬出の間には、不整形ながらやや細長く続く空間がある。南北の馬出を連結させ両者をつなぐ役割が期待されていた空間だったのであろう。

そして「江戸始図」の段階では、本丸南東壁に面した堀が埋め立てられ、通路的な郭の幅が広げられていた。これは大手筋の確定と関わるのであるが、この埋め立てにより、南側の大馬出は消滅し、三角形馬出と通路のような細長い郭は、のちに二の丸と呼ばれる郭へと変更されていく。

豊臣期の馬出を通過する登城路から、徳川期の中雀門《ちゅうじゃくもん》付近に至る登城路へと、本丸南側の入口が変更されたことになる。また後年に本丸北側の馬出群も本丸拡張で姿を消した。一連の「慶長江戸図」に見る変遷は、江戸城が徳川家康によって聚楽第型のスタイルと決別していく様子を示している。この過程を辿るのが「慶長江戸図」の時代だった。

ところで、小松和博は江戸城の曲輪の呼称について、「なお毛利家文書は、同家が『二の丸』の助役にあたったことを伝えるが、具体的にはそれがのちの三の丸の内桜田門《うちさくらだもん》であるところをみると、後年の三の丸がこの当時まだ二の丸と呼ばれていたことがうかがえる」、また「武州豊島郡江戸庄図《ぶしゅうとしまぐんえどのしょうず》」に関わり「なおのちの西の丸下は、この図ではまだ『三之丸』と書かれている。（中略）寛永中頃以降は旧二の丸が新三の丸となるのであるが、それにともなって西の丸下も名称が変わったと思われる」などと指摘する（小松一九八五）。旧二の丸（新三の丸）と本丸の間に、新たに新二の丸が創出されたことを示唆している。

このことは南側三角馬出と本丸東側帯曲輪が、本丸・新二の丸間の堀の埋め立てによって長く続く郭になったことと関連する。堀の埋め立て以前の新二の丸の空間とは、南北の馬出と細長く続く郭（帯曲輪）であった。その細長く続く郭はさらに広い空間を指向し、寛永期の二の丸拡張に結びつくことになる。したがって、本丸・新二の丸間の堀の埋め立て以前と以後とでは、当該付近の空間の考え方が大きく変わる。名称変更の背景はこのことを裏づけている。

図30　**江戸城大手門**　正面

本丸の正面

話題を本丸の馬出に戻す。この馬出の存在を前提に「慶長江戸図」を見直すと年代はどうなるであろうか。少なくとも本丸周辺は『落穂集追加』の第3期、『家忠日記』では天正一九年（一五九一）四月頃に始まる普請によって完成したものと考えるべきであろう。

この年代観をもって、本丸の正面と考えられる北側をいま一度注視してみたい。徳川家の江戸城といえば、高麗門《こうらいもん》と櫓門《やぐらもん》をセットに、両者を城壁で連結させ、平坦《へいたん》な四角空間をつくるという規格品のような枡形門《ますがたもん》が定番である。大手門（図30）や田安門などが代表的で、やや変形をともなった清水門・平川門・外桜田門などもこの範疇《はんちゅう》である。

ところが三連続の馬出のうち、中央の馬出の門は、この徳川期の枡形門とは異なる様式の虎口であったことが確認できる。つまり、枡形門の形式ではなかったことになる。

三連続の馬出（図31）を持つ本丸北側から下梅林門へのルート周辺が梅林坂であるので、太田道灌期に遡る道筋に繋がる。余談であるが、梅林坂に沿っては上梅林門と下梅林門、そして平川門が構えられている。このうち、下梅林門は「慶長江戸図」には枡形の仕切られた空間のない、ひと折れの門が描かれている。現在もおおよそ絵図と同じ形状である。この絵図に描かれた虎口は、豊臣期によく採用された形式で、専門家は嘴《くちばし》状虎口などと呼ぶ。具体的には豊臣軍が築いた熊川《ウンチョン》倭城《わじょう》（韓国釜山《プサン》広域市）にも見られる設計である。現在の形状はのちに櫓門が付加されていると考えられるが、基本的な設計は「慶長江戸図」の段階のままである。重要な道として早期に整備されていたと考えてよいだろう。

すなわち、太田道灌期にまで遡る古道梅林坂の整備は、家康による第1期の改修工事で実施されたと考えてよいだろう。

本丸北側に対して南側では南端に平虎口が構えられ、その前面に三角形の馬出が据えられていた。これらの構造は、いわゆる徳川期の枡形門ではなく、まさに豊臣期に各地に築かれた城館と関係する構造である。徳川家康による第1期の普請とは、馬出を配置した構造であった。

以上より、三連続の馬出の存在と虎口の配置状況などを考えると、本丸は北側を正面に向けていたと考えられる。前代以来の梅林坂を下る道筋とも関連していた。梅林坂を下る道は中世の幹線道である東西道そのものであった。この道に接続する本丸北側は当初の大手筋であったのだろう。

図31　**三連続馬出図**　部分図

家康の江戸城

本丸周辺について考察を重ねてきた。ここで一五九〇年代の、本丸周辺の江戸城の構造をまとめてみたい。北側を正面とし、南北それぞれに馬出を配置する。北側は三連で南側は三角形の馬出が配されていた。厳密にはともに聚楽第型で普請される矩形《くけい》の馬出とは異なるものの、領国内で井伊直政が普請した箕輪城と類似する。馬出の形状はさまざまでありながら、大馬出を配置するという構造は時代の流行を意識していた。

江戸城本丸の周囲には、南北の馬出とその両者をつなぐ帯郭が配置され、それらが全体として本丸をコの字状に囲む。南側の三角形馬出と帯郭はのちに二の丸と呼称される郭に拡張されるが、この段階では個別の名称は確認できない。帯郭のさらに東側は、平川の流れに沿って二の丸（のちに三の丸の改称）が配置される。この旧二の丸（新三の丸）には、この段階で平川門橋と大手門橋が架かり、虎口を形成していた。のちの内桜田門（桔梗門《ききょうもん》）がこの段階で存在したかは明らかではない。平川を挟んだ反対側の空間すなわち大手前は後述するように普請の段階にあった。

また北の丸については後述するように、北の丸西側の千鳥ヶ淵《ちどりがふち》は『石川正西聞見集』が記載した「山の手の惣堀」であると考えられる。この惣堀はのちの時代に一城化するための堀であることから、一五九〇年代にはまだ北の丸は存在しなかったと考えられる。

つまり、本丸を中心とする一五九〇年代の江戸城は本丸・新二の丸付近・旧二の丸（新三の丸）というコンパクトな構造であったと考えられる。

新城の馬出

次に、当該期の西の丸周辺の新城についても考察を加えてみたい。

西の丸について地形図を見ると、山里門《やまざともん》にはその前面に四分の一円（西側）と四角形（東側）の合体の構造が接続していることが見える（図32の太枠）。この四分の一円が丸馬出であ

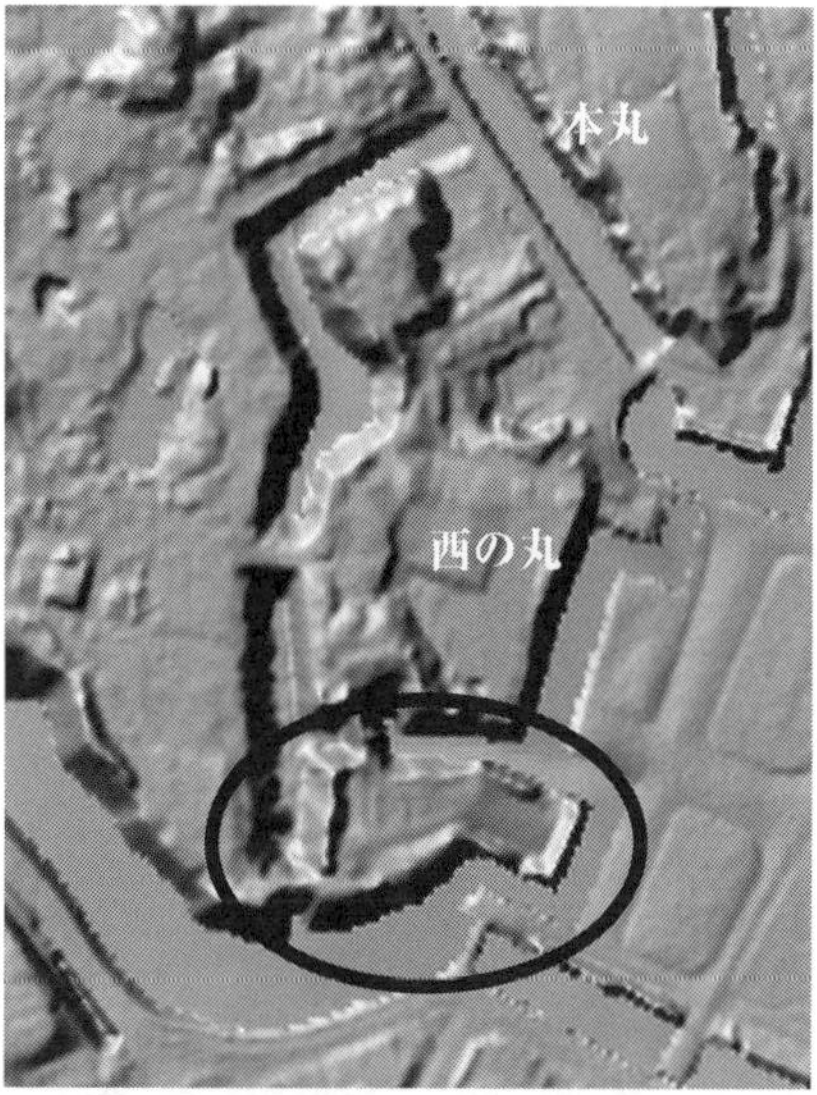

図32　西の丸周辺図

ったと考えられる。江戸城図（26頁の図4）からわかるように、西の丸の入口に山里門があったことは間違いなく、丸馬出は山里門が接続した施設だった。このように判断したとき、伏見櫓《ふしみやぐら》は山里門を監視する位置にあたり、櫓を構える意味も門の構造もよく理解できる。当初の普請の段階では、このルートを新城（西の丸）の正面として計画していたことは間違いない。どうやら、山里門を正面とする構造から、のちの時代に西の丸大手門・西の丸書院《しょいん》門《もん》（玄関門）を経る構造へと登城路に変更があったことが推測される。

しかしである。江戸時代を通じて、この丸馬出の存在を表現した絵図が確認できない。また研究史を眺めても、丸馬出の存在が指摘されていない。そこでいま一度、江戸城の最古の様相を示す「慶長江戸図」を見てみると、西の丸周辺には的場曲輪《まとばぐるわ》とそこを経由する登城路が描写されているものの、この図でも丸馬出の様相を読み取ることができない。それどころか、本丸の描写に比して西の丸の様相はゆるやかな線のみであり、情報量が少ない。どうやら図の作者は西の丸についての情報をさほど持っていなかったらしい。ここでは、まずは丸馬出から離れて、的場曲輪が描かれていることを確認したい。

他の江戸時代の図に馬出の記載がなく、かつ「慶長江戸図」にもないのならば、当該の丸馬出はそれ以前に存在したものと考えざるを得ない。まさに文禄元年（一五九二）以降の新城築城のなかで普請されたものとなる。年代的にはふさわしい構造である。つまり、新城の時代を考える上で、この山里門と丸馬出が重要な視点ということになる。

また道灌堀の外側に沿う道は大道という呼称がある（千代田区教育委員会二〇〇一）。道灌堀名称から中世以来の幹線道であり、江戸における重要性は先に述べたとおりである。寛永段階でも道沿いに尾張・紀伊・水戸徳川家が屋敷を連ねた。山里門外の丸馬出は、この大道と接続しており、西の丸の正面にあたったと考えられる。

すなわち、ここにも豊臣期の流行が反映されている。おそらくは一城化のとき、江戸城全体的に東側が重視されるにともなって、西の丸大手門付近を四角形に郭を張り出させて、西の丸には的場曲輪の形状に整えられた。そして的場曲輪の空間を通過する西の丸大手門から二重橋を経て西の丸へと至る登城路が新規に設定された。このとき、新城の丸馬出は使命を終えたのであろう。

新城の構造

他方、西の丸北側については紅葉山が一城化で江戸城内となり、紅葉山の山王に参詣《さんけい》ができなくなった状況が『落穂集追加』に語られている。しかし、「御新城の御取立があった以前は、紅葉山は諸人が憩う所であった」との記述は、新城築城段階で紅葉山は城内にあったと解することができる。記述に曖昧さを覚えるが、紅葉山は新城内にありつつも、江戸城一体化以前では庶民の参詣が可能であったことがうかがえる。

いずれにせよ、西の丸と紅葉山の間には何らかの仕切りがあったと考えるべきであろう。江戸時代には紅葉山に営まれた徳川家霊廟《れいびょう》が西の丸の際まで拡張されている。おそらく霊廟が営まれる以前には、参詣人が出入りしていたことを考えると、両空間の境界には堀などの仕切りが存在し、区画していたのであろう。ただし、この境界に設けられたであろう西の丸側の虎口の状況はつかめない。

やや曖昧さを残す状況ではあるが、新城普請の段階で紅葉山までが城域ととらえられた。とすれば、いまに残る紅葉山を取り囲む道灌堀は、当初の形であったのだろう。西の丸周辺で中核部を構成する堀は道灌堀であるので、通説が唱えるように『家忠日記』天正二〇・文禄元年（一五九二）三月二九日条の「御隠居御城堀」は道灌堀であると考えてよいだろう。

西の丸の北の限界をこのように設定すると新城は西の丸を主郭、西側の山里丸を副郭とし、北側に紅葉山が連結する三郭が主体部で、山里丸の南側には丸馬出が構えられたという構造になる。「慶長江戸図」はこの西の丸と山里丸の間に、線状に横堀を描写しており、興味深い。西の丸北側の虎口の状況が不明であるが、丸馬出の存在から山里門が新城の正面であったのだろう。その場合、道灌堀沿いの大道は新城とアクセスする重要な道となる。当時の幹線は、おそらくは丸馬出（のちの的場曲輪）の内部を通過して、台地上から低地部の西の丸下へと下り、桜田・日比谷の城下と繫がっていたのだろう。

豊臣大名徳川家康と江戸城

「慶長江戸図」が描く本丸周辺は、まさに文禄・慶長期に流行した築城術を踏まえての構造が表現されていたことが浮かび上がった。本丸の南北の大馬出を比較するならば、三角形の大馬出が一つの南側に対して、馬出を重ねて厳重な構えを施す北側は、まさに江戸城の正面の装いであった。またのちの西の丸にあたる新城にも馬出があった。これらは徳川家康が行った文禄期の普請によって整えられた構造だと考えられる。ともに主郭などの中心郭に馬出を配置する豊臣期らしい構造の城館であった。

そしてなによりも注目すべきは、新城が本丸周辺の江戸城とは離れ、単独で存在していたことである。このような時代性を帯びた独特の江戸城の姿が家康の頃の江戸城だった。

第7章　徳川家の城下町へ――関ヶ原合戦（一六〇〇年）直前

日本橋川

本丸を中心とする江戸城および西の丸を中心とする新城という二城が並立する段階で、大手前の郭の整備も進んでいた。徳川家康入城以前には、平河および大橋宿という町場が時代ごとに存在した。ところが「慶長江戸図」を見ると、この二つの町場は片鱗《へんりん》も残さずに消えている。この二つの町場と想定される場所はもはや武家地になっている。すなわち、天正一八年（一五九〇）以後おおよそ一五年ほどの時間のなかで、当該地の様相は一変したことになる。「慶長江戸図」からは、その際の転換点は平川の流路変更、道三堀開削、常盤橋架橋であったと考えられるが、はたしてそれはいつであったのか。工事の状況の手がかりとなるのは、『落穂集追加』や『石川正西聞見集』である。

これ関連して、城下の銭瓶橋《ぜにかめばし》架橋の年代について、『慶長見聞集』（中丸和伯一九六九）には次のような記載がある。

江戸の川橋にいわれ有る事
町には舟町と四ヶ市の間に小さき橋、ただ一つ有り、これは往復するための橋である、文禄四年〔一五九五〕の夏の比《ころ》、この橋本で銭瓶が掘り出された。永楽通宝《えいらくつうほう》や京銭が入り混じっていた。これに関して四ヶ市の者共が、この銭瓶を町の両御代官板倉勝重《いたくらかつしげ》殿、彦坂元正《ひこさかもとまさ》殿へ提出した。それよりこの橋を銭瓶橋と名付けた。

当該の部分は、平川の流れに架かる五つの橋を紹介したうちの、銭瓶橋の来歴に触れた部分である。前段に記載された五橋とは平川の上流から雉子橋《きじばし》・一ツ橋・竹橋（おそらく神田橋を竹橋に誤認）・大橋（常盤橋）、そして町場の銭瓶橋の五橋である。

平川門橋の記載がなく、話題の重点に銭瓶橋があることから、記載している橋はおおよそ流路変更後の平川の流れと考えられる。銭瓶橋の一方は舟町に接し、この舟町は流路変更後の平川の末の部分であると引用の前段に記されている。銭瓶橋の比定地は千代田区大手町二丁目と考えられている。しかしこの通説を前提とすると、舟町・四ヶ市がどこに比定されるか検討の余地を残すことになる。ここでは「文禄四年の夏の比」という年紀に注目しておきたい。

掘り出された銭瓶は、江戸の代官である板倉勝重および彦坂元正に届けられた。この両名は天正一八年（一五九〇）の家康の関東移封の際に、ともに江戸町奉行になった。のちに板倉は慶長六年（一六〇一）に加藤正次《かとうまさつぐ》・米津親勝《よねきつちかかつ》とともに京都奉行となる。他方、彦坂は慶長六年六月に行われた鶴岡八幡宮修理造営の不備があり、勘気をうけて閉門。さらに同一一年正月、支配地農民による不正行為の訴えと年貢勘定の引負いのため改易となった（ともに『国史大辞典』）。つまりこれらの経緯から、引用の記事は慶長六年以前の出来事となる。文中の文禄四年（一五九五）という年代と整合性をみせている。

ところで、この大手前の郭の普請にともなう堀の開削工事は、その後の工事を準備したと考えられる。大手前の郭の北側で実施された平川流路変更によって日比谷入江への流入が減じられ、また同じく南側で行われた道三堀開削によって日比谷入江からの排水が可能となる。すなわち日比谷入江埋め立ての条件が整った。日比谷入江埋め立てが着手されれば、江戸城下の工事が旧三の丸（西の丸下）普請へ進む。『落穂集追加』に描かれる段階では第3段階から第5段階の後期へと推移することになる。文禄四年という年代はより現実味を帯びている。

町場の普請

家康の入封直後、江戸城の改修にともなって山王社そして道灌所縁の天神社は城内から移転となった。戦国時代までは山王社とともに鎮座していた天神社は城普請の障害になるため、平川門外の堀端へと移転させられたと、『落穂集追加』は記していた。天神社は平河の町場の一角へ移転されたのだろう。さらに、天神社は「その近辺の氏神であった神社や町家についても、御用地になったため、麹町のあたりへ引越しとなった」と記載されている。ここにある「御用地」とは、のちの土地利用から考えると町場から武家地へ転換したことを意味している。注意しておきたいのは、山王社は本丸普請にともなって紅葉山に移転となったのに対し、天神社は当初は平河の町場へ移転し、さらに時間を経て麹町へと移転したことである。したがって、城下平河から、麹町すなわち現在の平河町への移転は、家康の江戸入り直後ではなく、一定の時間差があってのことになる。

城下平河付近が武家地として整備されるのは、大手前の空間の掘割が完成する段階、あるいは江戸城が一城化される関ヶ原合戦後の段階のいずれかであろう。先の銭瓶橋の事例を考えると、武家地化は関ヶ原合戦よりやや遡る可能性が高い。したがって、慶長五年（一六〇〇）以前で、一五九〇年代中頃以降の出来事である。おそらくはこの頃に大手前の空間の掘割が完成したということになる。

『落穂集追加』では「江戸町方普請之事」という項を立て、その普請の様子を叙述している。今の日本橋筋から道三川岸通りの竪堀《たてぼり》を掘削したのを初めとして、それから段々と竪堀・横堀が完成した。掘削による揚げ土を、堀端に山のごとく積み上げていたところ、諸国より江戸にやって来た町人共が、住居を願い出てきたので、町屋の場所を割り振って与えたところ、勝手次第に積み上げた揚げ土を引き取って、造成を行い、屋敷を取り構えた。

すでに述べてきたとおり、江戸城下の町場について、平河そして大橋宿の変遷を辿ってきた。しかし『落穂集追加』は戦国期にあったこの二つの町場を描写していない。あたかも外来の町人によって町場が新しく構えられたという叙述になっている。そこで描かれるのは堀の普請である。文中に登場する道三堀という東西方向の堀を縦方向に延びる堀とするならば、変更された平川流路から呉服橋《ごふくばし》・鍛冶橋《かじばし》・数寄屋橋《すきやばし》へと、現在の東京駅東側を南北に走った堀は横方向の堀となる（26頁の図4）。この縦横の堀を掘削する工事があったという記載はまさに大手前の郭、さらには大名小路《だいみょうこうじ》の造成に関わる。大手前は武家地に変わるため、揚げ土によって造成された町人地は大手前の外にあったと考えられる。

城下の堀普請の様子は、『石川正西聞見集』にも「江戸中の御普請の事」として記載されている。掘削、柵《しがらみ》の構築、水の塞《せ》き止め、排水は、「辛労は筆にも尽くし難い」と記す。いかにも難工事だったようだ。現場で監督していたのは本多正純である。また松平康重《やすしげ》が騎西《きさい》(埼玉県加須《かぞ》市)、そして笠間《かさま》(茨城県笠間市)にいた時代と記載する。笠間から転じる年代が慶長八年(一六〇三)であるので(『寛政重修諸家譜《かんせいちょうしゅうしょかふ》』)、堀普請は慶長八年以前の状況を示す。おおよそ『落穂集追加』の第3期の記載に見合うことになる。

『石川正西聞見集』に記載されている堀とは、『落穂集追加』が道三堀の普請を記載していることから、同一の堀を示すと先学は理解したのであろう。しかし『石川正西聞見集』には道三堀の普請と限定するという記載はない。むしろ「江戸中の御普請の事」という文言から、町場普請全体と考えたほうが妥当である。

さらに天下普請ではなく、徳川家による普請の段階であることを踏まえれば、年代はおおよそ一五九〇年代であり、道三堀だけでなく、大手前の郭を囲む堀とそれに関わる日本橋川を含む周辺の堀普請の様子を書き留めていることになる。

おそらく一五九〇年代中頃には平川の流路変更が完了し、関ヶ原合戦以前には道三堀も完成し、大手前の郭ができた。しかしこの段階では、江戸城はまだ二つの城の段階である。西の丸を中心とした新城の城下町は、日比谷町がセットになっていた。大手前の郭はのちには武家地になるが、この段階ではおそらくは町場の整備が徐々に進行していた段階だったのだろう。このことは、次に触れる寺社の移転が継続していたことを物語っている。

寺社の大移転

すでに見てきたように、家康の江戸入府、築城にともない、いくつかの寺社が移転することになった。本丸には平河天神社・日枝山王社、加えて神田橋の土井利勝邸が所在した地には神田明神が旧在していた（「慶長江戸図」）。

神社に限らず、寺院でも移転は確認される。京都六条本圀寺《ほんこくじ》の直末であった平河山法恩寺《ほうおんじ》も中世には平河にあった。大永四年（一五二四）には北条氏綱《うじつな》が陣衆の不入と諸役の停止を認めて（『北区史』資料編 古代中世1・297）、所領を寄進している（同1・298）。

天文一七年（一五四八）には太田康資《やすすけ》が所領を寄進している（同1・356）。この時の宛先は「江戸平川法恩寺」となっており、平河に所在し、北条氏関係者の庇護を受けていたことがうかがえる。浄土宗の平河山浄土寺（浄土宗）は、文亀三年（一五〇三）創建の伝承がある。

また善龍山楞厳寺《りょうごんじ》（天台宗）は、天文九年（一五四〇）一一月二六日に山門派別当宣慶《せんけい》が勅を受けて寺号を与えられている（同1・334）。同文書中に「武蔵国豊島郡江戸平川　善龍山楞厳寺」と記載され、平河所在は間違いない。古河公方家所縁の吉祥寺も和田倉にあったとされ、江戸時代初頭に大名屋敷地を確保するために移転を迫られたという。ただ移転後であっても、天神社は社名に、法恩寺・浄土寺などは山号に平河の地名を残しているように、戦国時代以来の寺社は平河にあったという由緒を伝えている。

『千代田区史』には「家康が江戸城に入城したころには、現在皇居内の局沢《つぼねざわ》、吹上《ふきあげ》をはじめ、平川のあたりに、〔中略〕局沢十六寺とよばれるほど多数の寺があったことは前にもふれたが、家康入城直後の城郭整備により、まずこれらの寺院が天正十八年から十九年にかけて移転を命ぜられた。移転先は神田の駿河台や下谷《したや》方面で、ここに寺地を割り当てられたようである」と記している（千代田区役所一九六〇）。

他方、同書巻末の付図1「江戸城外郭内の寺院変遷表」では平河について一四ヵ寺を取り上げ、そのうちの三ヵ寺が文禄年間に、また一〇ヵ寺が慶長一〇年代に移転したと整理している。ほとんどが慶長年間までに移転し、既存の平河の町場が解体されていたことが確認される。このように、区史の本文とは異なり、付表からは家康入城直後と慶長一〇年代の拡張の二段階で移転があったことが読み取れる。

もう少し詳しく見てみよう。家康入城後から慶長一〇年代に至るまでに段階的に寺社の移転が行われた。城下平河の町場は一部も残すことなく完全に解体され、多くは現平河町へ移転したのだ。家康による城下平河の移転は、平河の商業地としての側面だけでなく、宗教的な面をも含んでいた。平河が持っていた既得権の清算が込められていたと考えられる。

しかし注意しておきたい点がある。平河の町場が解体され、移転したといっても、前述のように戦国期の平河の町場は平川門外のわずかな範囲だった。移転の対象寺社のうち、芝崎村の鎮守だと思われる神田明神とその別当寺の日輪寺は平河の内ではない。また、吉祥寺は和田倉にあったので、平河とは距離がある。つまり、旧平河の町場だけではなく、大手前の郭にあった寺社すべてが移転したことになる。城下平河にとどまらず、北条期の「大橋宿」の範囲も含め、家康は広く江戸に既得権を持つ旧勢力を一掃する考えで、江戸城下の拡張を行ったのだろう。

キリシタン墓

大手前の郭などの、城下の造成に関わる発掘調査が行われた（千代田区東京駅八重洲北口遺跡調査会ほか二〇〇三）。遺跡は千代田区丸の内一丁目に所在し、「慶長江戸図」では譜代大名小笠原信之《のぶゆき》の屋敷地内にあたる。同所は雉子橋門から常盤橋門へと至る人工流路を含む当時の江戸城外郭線の堀線の城内側になる。調査の結果、近世段階での遺構面は四期に区分され、そのうちの二期が小笠原屋敷以降にあたるとわかった。その下面である一期には武家屋敷はなく、自然堆積層である灰色粘土層に遺構が確認された。一期の発掘で見つかったのは、小穴類一四七基、土坑《どこう》四二基、溝二四基、井戸六基、堀状遺構一基、墓坑《ぼこう》一〇基である。およそ二期以降の武家屋敷の様相とは異なる。年代は一六世紀第四・四半期から一七世紀のごく初頭と考えられている。

このうち注目したい遺構は墓坑である。江戸前島の西側では中世からの墓遺構が確認され、中世墳墓群が存在していた。この中世墳墓群は、中世の町場の周縁部に存在したと考えられる。東京駅八重洲北口遺跡の墓坑も一連の広がりのなかに含まれる。そして一〇基の墓坑のうち二基からはキリシタン関連の遺物が発見され、キリシタン墓であることが確認された。どういうことか。戦国時代の北条領国でキリスト教が布教されたことは確認されていない。キリシタン墓はおおよそ徳川家康入部の頃、また同地が小笠原邸となる直前に作られたと考えられる。中世的な墳墓が多く広がる空間が一掃され、近世的な武家屋敷地の空間へと変わった。このことは大規模な都市設計によるものであり、都市江戸の拡張を意味している。墓地群はそれにともなって消滅した。とするならば「慶長江戸図」に描かれる外郭線が成立するのは、発掘調査地点（丸の内一丁目）に小笠原邸があった時期とほぼ同時期であり、慶長一二年（一六〇七）を遡ること数年前であったことになる。

つまり家康が江戸入りした頃、まだ平川は日比谷入江に注いでいたのであり、平川東岸には墓地も存在して江戸城の中核部が及んでいなかったことになる。そして入城後の江戸城改築にともない、平川の河川流路が変更され、「慶長江戸図」に見られる外郭線が整備された。東京駅八重洲北口遺跡が存在したのは大手前の郭の隣接地で、外郭線の内側である。大手町の郭の再開発も江戸城改築とさほど年代を隔てるものではなかろう。

以上のように、平川の流路変更は天正一八年（一五九〇）以降であり、かつ「慶長江戸図」の様相が成立する以前の段階である。おおよそ文禄期から慶長期前半段階、すなわち徳川家康期に流路変更がなされ、町場が整備されたと考えることが妥当となる。

中世の町場の消滅

平川の流路変更すなわち雉子橋門から常盤橋門へと至る外郭線の堀の普請によって、外郭線の内側は「慶長江戸図」に描かれる武家地の空間へと変貌する。この拡張によって大手門外に存在した「宿」は移転を余儀なくされ、江戸城では新たな城下の町割りが行われた。

つまりこのときに、永禄期以来の「大橋」（＝大手門）の東側に所在した「宿」が移転を余儀なくされた。そして連動して常盤橋の架橋がなされた。この状況は玉井哲雄が常盤橋東側の本町通りに沿った町割りが慶長期に行われたと主張する説と接合する（玉井一九八六）。「慶長江戸図」そして「武州豊島郡江戸庄図」が成立する過程で、「大橋」という名称は大手門橋から常盤橋の呼称へと移り変わっていた。町場の移転は連動していた。とするならば、「江城大橋宿」の移転先は本町通りの町場ということになるかもしれない。

家康によって行われた雉子橋から常盤橋への平川の流路変更は、おそらくは日比谷入江の干拓を目指してのことである。しかし、それだけにとどまらず、江戸城の城域の拡張、武家屋敷地の拡大、そして旧城下の町場や寺社の移転をもたらし、中世以来の町場であった平河と大橋宿の消滅に繫がった。この変化は、まさに江戸の中世から近世への転換の序曲と言いうるのだろう。

第8章　天下人の江戸拡張——関ヶ原合戦（一六〇〇年）後

合体する江戸城

関ヶ原合戦後、家康の政治的立場は大きく上昇し、それにともなって江戸の政治的な位置も変化することとなる。新城に想定していた家康の御隠居所は駿府城へ変更になったと、『落穂集追加』には記されている。『家忠日記』には「御隠居御城堀」とあったことから、当初、西の丸地に構えられた新城は家康の隠居地であることは間違いない。しかし、関ヶ原合戦後に駿府城が家康の居所となったのは周知のことである。つまり、新城が家康の隠居地ではなくなったことで、江戸城は大いなる変更を迎えた。

大いなる変更とは、当初に予定したような二城が並び立つ形式ではなく、本丸を中心とした江戸城の一部に新城が編入され、江戸城が拡大するということであった。このことを『落穂集追加』では「御新城の義も御曲輪門と罷成《まかりなり》」と記載する。やや意味が取りにくいが、一つの城館であった新城が、本丸を中心とした江戸城内の西の丸という郭になり、その構造の中で各所に門が構えられたということであろう。「紅葉山下と坂下の両所に」と、本丸と西の丸に挟まれた谷の両端を塞ぐ地点に門が構えられたのもこのときだろう。一体化したことで、紅葉山に営まれた山王社も城内から移転となり、「半蔵門外の堀端」に移転した。今の国立劇場（東京都千代田区隼町）あたりとされている。

このときに大手門や内桜田門（桔梗門）が構えられたという。この記載は新規に建築されたということではなく、旧二の丸（新三の丸）の堀と塁壁が整備されたことを意味しているのだろう。戦国時代以来の寺社が完全に移転されたことも記している。平川の西岸に残されていた、戦国時代以来の町場の名残はこの時点で完全に一掃された。

関ヶ原合戦後、旧二の丸（新三の丸）が整備され、かつ二つの城が合体した構造へと、江戸城は大きく変貌した。これによって完成した江戸城中心部の構造は本丸の塁壁が石垣でないことを除くと、「慶長江戸図」に示された構造におおよそ近づいた。

屋敷地造成ラッシュ

そして何よりも注目すべきは、諸大名の屋敷地の問題である。関ヶ原合戦の勝利者の傘下へと、各大名が江戸に屋敷を構える状況が加速する。『落穂集追加』では外桜田付近に大名屋敷が連なったことを記す。また大名小路周辺は「茨《いばら》はら」であったが、盛土によって地盤工事を行ったと記載する。この工事の対象地には西の丸下（旧三の丸）も含まれていたと思われる。埋め立ての対象地は日比谷入江の最奥であり、平川の河口にあたる。堀普請の残土による埋め立てが進み、西の丸下の郭や大名小路ができた。西の丸下は、本丸と西の丸の間の谷（局沢《つぼねざわ》）の出口に位置し、この場所を塞ぐように郭を構えたのは城の一体化に合致する。またこの西の丸下の郭を寛永年間（一六二四〜四四）頃までは三の丸と呼称したことも、本丸と西の丸を連結させる郭としての役割が担わされていたことをうかがわせる。

また外桜田付近の造成は大規模だったようで、ここでの残土が城下町の造成に役立った。『落穂集追加』ではここで普請された堀は弁慶堀と記載するものの、弁慶堀は赤坂門外の惣構えの堀なので、おそらくは三宅坂の桜田堀の状況を指しているのであろう。この桜田堀から半蔵堀・千鳥ヶ淵を越え、平川へと続く堀線は、西の丸を江戸城に取り込む一城化によって形づくられた（26頁の図4）。

加えて、新城の西の丸化にともなって、城下町が整理された。新城の城下の町場が、日比谷入江の対岸にあった「現在の日比谷町へ引っ越した」と『落穂集追加』は述べている。「現在の日比谷町」はどこであるか不明な点があるが、新城普請の一城化によって日比谷町も移転を強いられた。

『落穂集追加』の意図

『落穂集追加』は関ヶ原合戦を一つの画期に位置づけている。関ヶ原合戦という政治的契機により、江戸の大改造が始まったと説いている。その後は寛永期までとぎれず江戸城と城下町は拡大した。ところが『落穂集追加』は寛永期という画期を重視していない。なぜであろうか。

その際、注目したいのは西側の石垣化についての記載である。このことについて『落穂集追加』では桜田堀の塁壁の石垣化をめぐる計画立案とその中止の事実を発問として話題に取り上げている。その回答は東北地方に向けて備える必要があるが、朝廷に向けた西側の普請は不要としている。多分に物語的であるが、この計画中止をもって『落穂集追加』では城普請の記載がなくなる。すなわち、ここで江戸城は一定の完成をみたと表現している。江戸城や城下は寛永年間の惣構えまで普請が続くのであるが、『落穂集追加』にはこの時期の普請が含まれていない。編纂の過程で、江戸城拡張が節目を迎えたという作者の意図が反映されているのだろう。

和田倉遺跡

話題を日比谷入江の埋め立てに戻そう。この工事について重要な知見をもたらしたのは、和田倉遺跡の発掘調査である（千代田区教育委員会一九九五）。この調査では江戸時代以前に和田倉門の地は海であったことを明らかにし、埋め立てについても触れている。以下は層位別に概括するなかで、最下層の報告である。

一期（16世紀末〜17世紀初頭）

当該期に位置付けられる遺構は、15号遺構だけである。当該遺構は、標高0・6mから掘り込まれており、他の遺構とは遺構構築面が1m以上低い位置となる。遺構確認面は、自然堆積層の直上に認められた砂利を多量に含む青灰色シルトの埋め立て層となる。現在の当該地の水位面が1・2m付近であり、発掘調査時においても、この遺構内にすぐに水が溜《た》まる状態であった。そのため、本遺構は生活面に伴うものではなく、埋め立ての過程において構築されたと想定するのが一番妥当である。この埋め立てと15号遺構の構築時期は、自然堆積層直上という点や15号遺構出土遺物の年代観からいっても、最初の埋め立て工事である16世紀末〜17世紀初頭の蓋然《がいぜん》性が高い。

この調査成果を、最初の埋め立て工事に引きつけて整理している。

ヤン・ヨーステン

加えて、先にも触れたように、鈴木理生が指摘する次の点も重要である（鈴木一九八八）。

そしてアダムスにはのちに日本橋魚河岸になった一角に安針町《あんじんちょう》の宅地を与え、ヤン・ヨーステンにはいまの和田倉門から日比谷にいたる濠端に、屋敷地を与えている。それは彼の名にちなんで八代洲河岸と呼ばれた。この八代洲河岸の場所が描かれている最古の地図（見取り図）は『別本慶長江戸図』（東京都公文書館所蔵）で、日比谷入江に面して、「舟の御役所」と書かれている場所があり、その図では八代洲河岸の記入はないが、後出の「寛永図」に隣接してヤン・ヨーステンを住まわせたことがわかる。城の対岸の江戸前島西岸に海軍司令部の「舟の御役所」があったことでもわかるように、日比谷入江は軍港的性格をもち、東岸は湊としての役割をはたしていたことを物語るものである。

オランダの航海士ヤン・ヨーステンと江戸との関わりは不明な点が多い。乗船していたリーフデ号が豊後《ぶんご》に漂着したのは慶長五年（一六〇〇）三月一六日であるので、ヨーステンが八代洲河岸に屋敷を得たのは同年九月の関ヶ原合戦以後である。とすれば、当時はまだ日比谷入江が存在したと認められる。すなわち、日比谷入江の埋め立ては関ヶ原合戦以後に開始された。

そこで重要なのは、関ヶ原合戦以後の時期とは江戸城が一城化された時期という点である。このとき以前は二城が並立していた。一城化するためには、この二城を連結する普請が必要となる。一城化を示す一つの状況が、すでに触れたように『石川正西聞見集』が「山の手の惣堀」とする、江戸城西側の桜田堀－半蔵堀－千鳥ヶ淵の堀の普請である。桜田堀の普請は『落穂集追加』ではまさに屋敷普請のラッシュと並行していた。

そして、もう一つが、入江の西側にあたる台地の東山麓、西の丸下の郭の普請である。つまり日比谷入江の本格的な埋め立ては関ヶ原合戦後であり、江戸城の一城化のなかで進行していた。和田倉遺跡に見られた埋め立ての様相もこのときのものであろう。

日比谷入江の埋め立て

関ヶ原合戦以後、本格的に進行した日比谷入江の埋め立ては江戸城下を拡大させていく。西の丸下および大名小路の両郭の普請によって、それまでに新城の城下として拡大していた日比谷町も一城化のなかで移転した。その行先は明確ではないが、現在の港区東新橋に鎮座する日比谷神社、および中央区八丁堀に所在する日比谷稲荷は、本来は日比谷町の一角にあったと思われる。町の移転にともない現在地に移ったのであろう。

また『落穂集追加』では、このときに大名小路周辺が造成されたと記している。この地は大名屋敷地として「慶長江戸図」にも描かれる地点である。

大名小路の郭の外縁は呉服橋門・鍛冶橋門・数寄屋橋門そして日比谷門が固めている。これらの門で固められた堀の様相は、丸の内一丁目遺跡の発掘調査で確認された（千代田区丸の内一丁目遺跡調査会二〇〇五）。調査によって、寛永一三年（一六三六）に普請された石垣の埋没していた下半部が検出された。さらにこの石垣に先行して土の壁面の堀が存在していたことも明らかになった。堀底には堀障子《ほりしょうじ》と思われる、堀底で障害物となる仕切りの土盛りも普請されていた。この石垣に先行する障子堀《しょうじぼり》の遺構は、道三堀等の城下普請に端を発し、続く関ヶ原合戦以後の一城化と城下町の拡大の時期に掘られた遺構であろう。

この段階をもって、江戸城は「慶長江戸図」に描かれた範囲の全域にわたって普請が施された。関ヶ原合戦は慶長五年（一六〇〇）であり、「慶長江戸図」の景観年代はおよそ慶長一三年と考えられている。江戸城は関ヶ原合戦以後のおよそ八年間にわたる工事を経て、一城化と城下町の拡大を遂げ、「慶長江戸図」の景観へと至ったのだろう。『落穂集追加』の叙述によって描かれた空間は、おおよそ「慶長江戸図」に描かれた範囲に一致する。いかなる背景があるのか、『落穂集追加』が「慶長江戸図」の解説書であるかのような性格が興味深い。

徳川秀忠

秀忠は家康の三男で、慶長一〇年（一六〇五）に江戸幕府第二代将軍となり、幕政の基礎を築いた。幼名は長丸《ちょうまる》といい、元服にともなって豊臣秀吉より偏諱《へんき》を受けて秀忠と名乗った。また秀吉のはからいで夫人には浅井《あざい》長政《ながまさ》の三女を迎え、羽柴《はしば》姓を与えられている。さらには娘千姫《せんひめ》を豊臣秀頼《ひでより》に嫁がせた。秀忠は豊臣政権下では豊臣家と徳川家をつなぐ役割を担っていた。

元和六年（一六二〇）に娘和子《まさこ》を後水尾《ごみずのお》天皇の女御《にょうご》として入内《じゅだい》させる。入内の行列は二条城からスタートし、盛大な装いであったという。華やかな様相は「東福門院入内図《とうふくもんいんじゅだいず》屏風《びょうぶ》」（三井記念美術館蔵）などに描かれた。寛永三年（一六二六）には同天皇の二条城行幸を実現し、公武にわたる権力者としての地位を国内に示した。和子入内は江戸幕府と朝廷の関係を築くことにあった。

また父家康とともに武家諸法度《ぶけしょはっと》・禁中並公家諸法度《きんちゅうならびにくげしょはっと》を制定し、諸大名の統制を強めた。さらに外国船寄港地を平戸《ひらど》・長崎に限定し、幕府外交の基本政策を固めた。

このように江戸幕府の基礎を築く上で、徳川秀忠の存在は看過できない。

先にも述べたように、江戸城の中心部の整備は秀忠の征夷大将軍在任時代に行われた。本丸を高石垣としたのは慶長一一年着工の普請であり、二の丸もこの普請によって竣工した。秀忠の時代は、江戸が本格的な将軍の都市となる先駆けの時代だった。

そして、没後は台徳院《たいとくいん》を法号とし、霊廟は増上寺に営まれた。秀忠に先立って正室崇源院《すうげんいん》が増上寺に葬られていたが、台徳院廟の造営にともなって霊廟は再整備され、増上寺は徳川家霊廟の地として位置づけられていく。その威容は現在にわずかに残る建築によってもうかがえるように、都市江戸を荘厳する役割を担った。

慶長・元和期の普請

「慶長江戸図」に記載される普請の最終段階として参照される修築は、慶長期から元和期に至る時期の工事である。この間の経過について、概略を確認しておきたい（野中和夫二〇一五）。

慶長八年（一六〇三）、徳川家康が征夷大将軍に任命されると、江戸城の大改修が計画される。諸大名を動員した公儀普請《こうぎぶしん》が開始されるのは、準備段階を経た慶長一一年になる。この時点で、将軍職は嫡子秀忠に継承されていた。慶長九年に修築が発令され、石材の調達が始まる。

慶長一一年に本格的な工事が開始され、この年は本丸御殿、天守台石垣、本丸廻りの石垣、虎ノ門などの外郭石垣修築が実施された。

続く慶長一二年では、前年の工事を引き継ぎ、かつ堀普請が行われた。おそらくこの時点で、次の普請まで時間が空くため、本丸周辺の工事が一段落したものと推測される。

慶長一六年には西の丸の修築が実施された。

慶長一九年はやや大規模な普請が、本丸石垣、新二の丸・新三の丸の石垣および枡形門、西の丸大手門前の石垣、桜田・日比谷周辺の石垣が普請された。

元和四年（一六一八）には西の丸の堀、半蔵門、東照宮《とうしょうぐう》が造営された。

元和六年は慶長一九年に大坂陣のために中断していた継続工事が実施されたとする。大手枡形門はこの年に普請されている。

元和八年には本丸御殿と天守台の改造を目的とする工事が実施された。ちなみに小松和博はこのときに本丸が北側に拡張され、北側の馬出が埋没したと考えている（小松一九八五）。また、「慶長江戸図」に描かれる天守台は慶長一一・一二年に普請されたものと考えられている。元和八年には元和度の天守台がおおよそ現在の位置に普請されたと推測されている。

慶長一一年（一六〇六）から元和八年（一六二二）の一六年間の修築によって、江戸城は概して石垣を導入した城館へと大きく様変わりしていった。通説の修築状況に基づくと、「慶長江戸図」はこの慶長一二年から元和以前の様相を描いているといえる。

石垣普請

ようやくこの時期に至って、江戸城で本格的な石垣が普請されるようになった。城の外観は大きな転換点を迎える。天下普請であったため、普請は西国の大名によって取り組まれた。スタートは慶長一一年（一六〇六）に行われた本丸塁壁の普請であった。このときの石垣は今も伝えられている。富士見櫓台石垣、本丸台所前（白鳥濠沿い）、乾《いぬい》櫓台など本丸を囲む高石垣が、このときの普請とされている。

慶長一一年に天下普請によって築かれた石垣は、石垣の年代を考える上で重要な指標となる。江戸城の石垣を観察する上でとりわけ注目すべき点を取り上げてみたい。

まずは石材である。江戸城の石材の多くは伊豆半島付近で産出される安山岩《あんざんがん》が使用されていた。岩石の専門的な特徴を解説することは任に堪えられないので詳述は避けるが、硬く、色調は灰色で白や黒の斑点《はんてん》模様があるという点を押さえておきたい。砂岩《さがん》や凝灰岩《ぎょうかいがん》などの軟質の石材では耐久性の問題が生じる。石材の選択と石材産出地を考慮して伊豆産の安山岩が選ばれたのだろう。しかし伊豆から江戸という石材搬出距離は桁外《けたはず》れに遠い。また、伊豆安山岩を石垣に用いると全体の色彩は黒目となる。徳川再建の大坂城や二条城が白御影石《しろみかげいし》を使用し、清浄感のある明るい印象を持たせたことと大きく異なり、次の時代の課題となったようである。

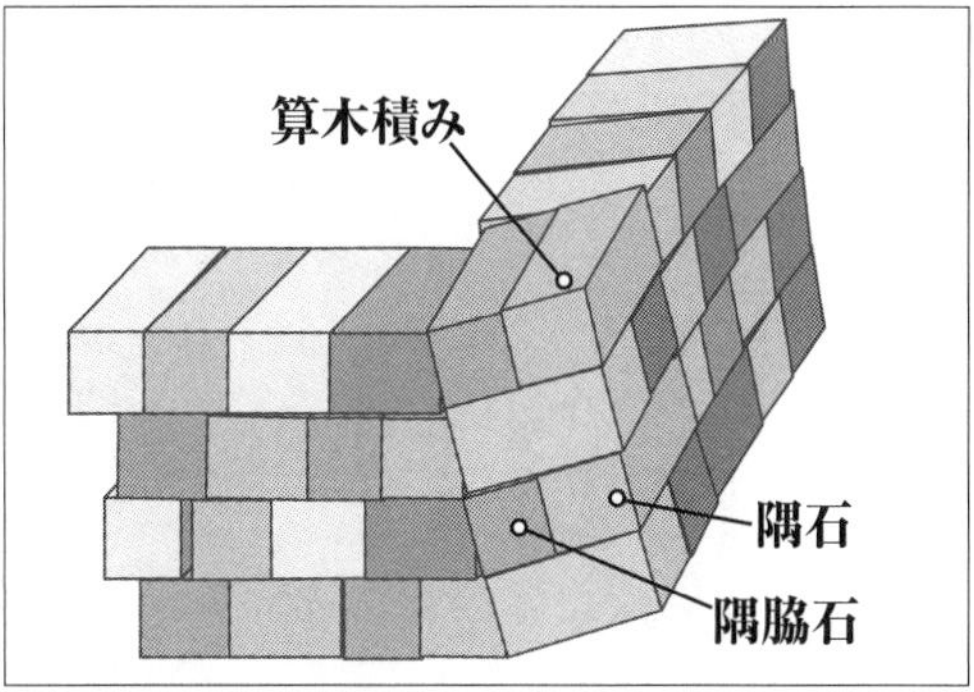

図33　**算木積み**　模式図

そして算木積《さんぎづ》みである（図33）。石垣の出隅《でずみ》（張り出した隅）の処理は、直方体の石材を隅石《すみいし》とし、角の線を揃えて長短を交互に組む。石材の長短はリズムよく、1：2で刻むことが基本で、大きな石材の場合は1：3などになることがある。短い辺には角石の脇に同じ形状の石材を添えて隅脇石《すみわきいし》とし、上下の角石の端を支えた。この積み方によって形成された造形美豊かな石垣を算木積みという。

算木積みが完成する以前には、隅脇石がない場合、または1：2のリズムを刻まず、短辺と長辺の比が1：2未満となる。およそ天正年間から慶長年間前半にこのようなケースが見られる。また隅石には直方体の石材を横にせず、縦に積むという立石積みの場合も

図34　**本丸塁壁**　台所櫓下石垣

ある。

江戸城本丸の算木積みは、技法がほぼ完成の段階を示している。このうち台所櫓台の出隅はところどころ隅脇石が添えられていないほか、長短が近似した石材で積まれている（図34）。算木積みという技法が完成直前であったことがうかがえる。

本丸に使われた石材の形状も整ったものではなく、原石の形状に左右されているのも特徴である。のちの時代の石垣のように、石垣面は正方形の石材を使用したものではなく、実にさまざまな形を呈している。そのため、石垣面は横に目地が揃わない。

石材を調達する際、矢と呼ばれる楔《くさび》を用いて石材を割る。割られた石材の隅に台形状の窪《くぼ》み（矢穴）が作られ、これが連続し、石材に歯形がついたようになる。のちの時代の石材は歯形状の矢穴痕を削り取るのに対し、当時は表面に残されたまま石垣が積まれるため、石垣

図35　汐見坂の石垣接合部

の各所に矢穴の痕跡を見ることができる。江戸城の慶長一一年の石垣にもこの様相が見られる。

本丸北側はのちに本丸拡張がなされたため、石垣の様相に年代差がある。白鳥濠から続く汐《しお》見坂《みざか》の途中では、不整形の石材が積まれた慶長一一年の石垣に、整然とした切石が積まれた石垣が直交し、年代差を見せている（図35）。江戸城の石垣の見どころの一つである。

「慶長江戸図」を見ると、塁壁の描写が石垣と土塁などの土普請とで描き分けられていることに気づく。一連の「慶長江戸図」は本丸のみが石垣で、新二の丸ほかは土普請の様相となっている。「慶長江戸図」の年代について慶長一三年説が登場するのはこの点による。これに対して「江戸始図」は、本丸のみではなく新二の丸も石垣として表現している。一連の「慶長江戸図」のなかで「江戸始図」はもっとも新しい時期を描写していることを示している。慶長一一年に本格的に石垣を導入した江戸城は、以後、寛永年間（一六二四〜四四）に向けて石垣の城として改修を繰り返していく。

江戸城の正面の変更

すでに触れてきたように、平河の町場周辺には、城下を構成する寺社があった。これらの寺社は江戸城の拡張のなかで各所に移転した。旧来の平河の町場が解体されたことを示唆している。この平河は中世以来の東西道と関連して存在していた。この東西道は本町通りに結びついていた。江戸初期までの幹線は東西道であり、城下は平河―本町通り間であった。そしてこの東西道とは梅林坂そのもの、あるいは変遷のなかで移転しつつも梅林坂に並行する道であった。とするならば、必然的に江戸城の大手筋もこの伝統的な道と接続することになる。それゆえに「慶長江戸図」の段階に至るまで、幹線道と町場との位置関係から北側馬出群が江戸城本丸の大手にあたったと考えられた。

しかし、いわゆる江戸時代の江戸城の登城路はこの道ではない。本丸南東を正面とする大手門・内桜田（桔梗）門―大手三之（下乗）門―中ノ門―中雀《ちゅうじゃく》（書院）門という登城路である。事実、「江戸始図」にはこの様相が図示されている。とするならば、江戸城の本丸は江戸時代初頭に、北から南東に正面を変更していたことになる。本丸への登城路の変更がいつかという疑問を解く鍵は、どうやら一連の「慶長江戸図」（図36）にあるらしい。

このときに注目されるのは中ノ門の記載である。いくつかの「慶長江戸図」を見るとこの中ノ門の描写に差異がある。とりわけ、当初は門の前面は堀であったと記載されるが、一連の「慶長江戸図」の最後である「江戸始図」ではこの地点に門と橋が記載される。「慶長江戸図」の各写本は、当初は門のない場所に徐々に工事が進行し、最終的に「江戸始図」のように門が完成する段階を描写している。

このことは単に一つの門が完成するということだけではなく、江戸城本丸の構造の変遷、とりわけ大手門・内桜田（桔梗）門－大手三之（下乗）門－中ノ門－中雀（書院）門という登城路が確定する過程と関わる。最終的な完成年代は慶長一二年以降で、本丸が拡張され北側の馬出が消滅する以前（小松説では元和八年〔一六二二〕）、かつ新三の丸が石垣普請される以前である。この改造を経て、江戸城本丸の正面は北向きから南東大手へと変更された。江戸城の一大画期である。

なお、この整備された大手道の存在とは別に、同時期に「江戸始図」の描写を根拠に、本丸南側には五連続枡形が形成され、徳川家康は豊臣秀頼との最終決戦を江戸城で行う準備をしていたとする見解がある（千田嘉博・森田知範二〇一七）。しかし「江戸始図」を丁寧に見

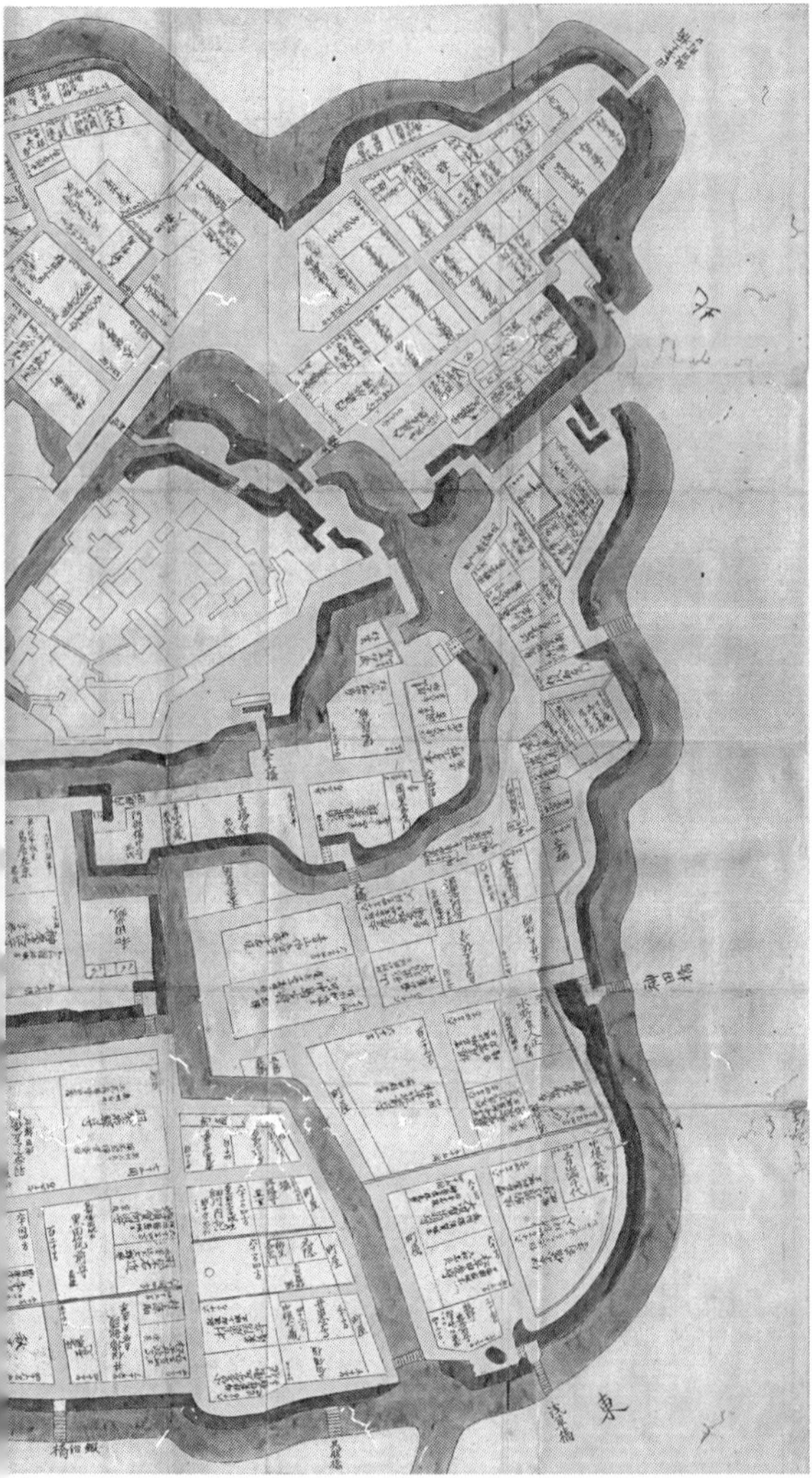
東

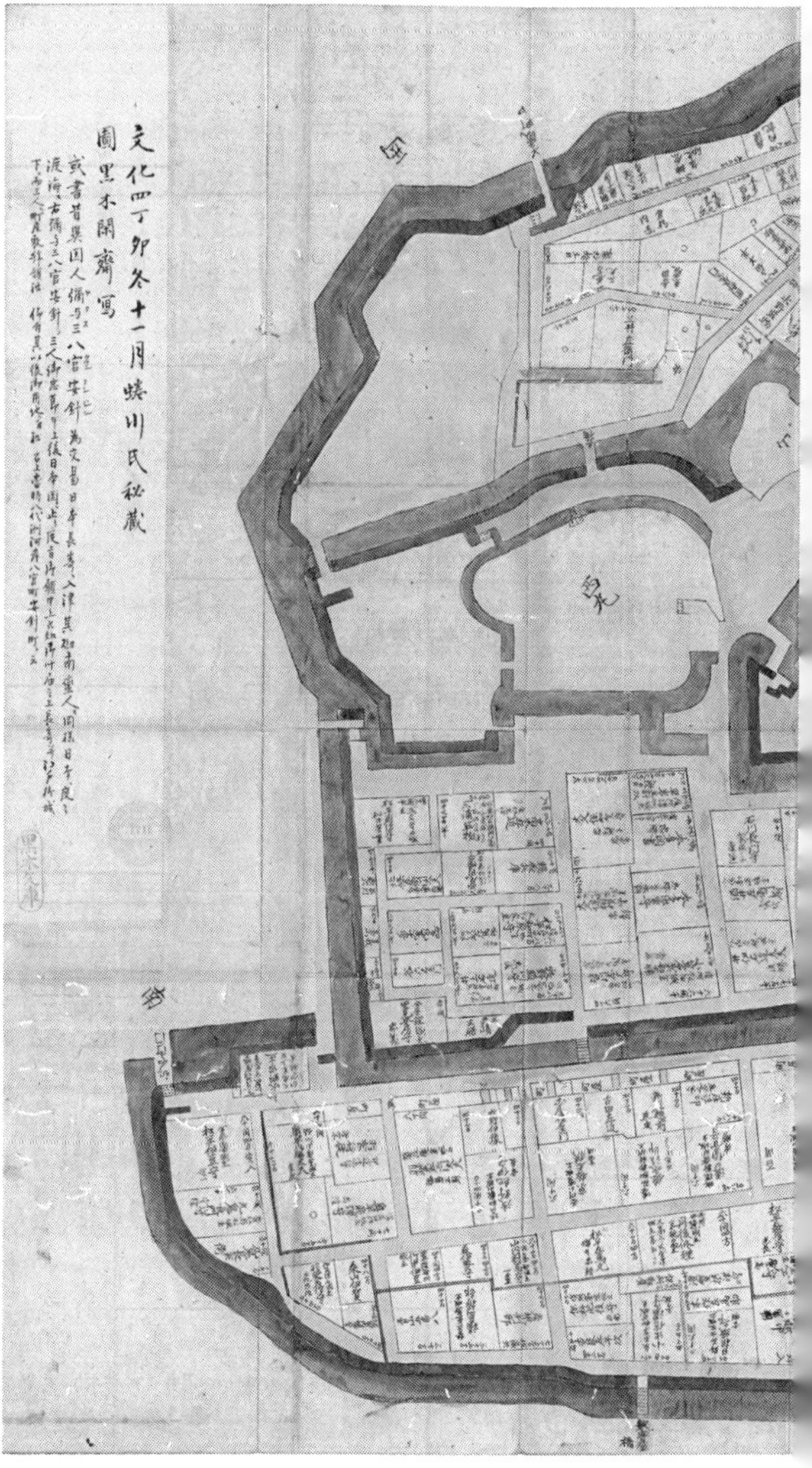

図36　「慶長江戸図」

ると、建物と石垣の描写に問題（おそらく描写された対象について、読み取り段階での判断違《たが》えによる誤写）があり、五連続枡形の存在が疑わしい。同時にまた「江戸始図」を除く一連の「慶長江戸図」においても、五連続枡形の存在を読み込むことは難しく、以前に同図を検討した千田もその存在を指摘していない。そもそも政治拠点として江戸城の登城路が整備され、大手筋が整備されていく時代に、豊臣秀頼との最終決戦に備えるため、大手筋に隣接してさらに五連続枡形を設け、結果的に登城路を併存させたという理解は、構造的にも、また時代状況にもそぐわず、考えにくい。

この「慶長江戸図」が描いた江戸城の一大変化として大手筋変更が描かれていた。この変更の背景にはいかなる理由があったのだろうか。

まずは建築物として、北向きを忌避した可能性がある。政治の場としての江戸城は、政治的な演出のために効果的な採光を求めたはずである。南向きの建物が求められた。北向きの正面はさまざまな点で不都合があったのだろう。このような、建築が求める方角が一つに考えられる。

次にとりわけ重要な点として、中世以来の東西道の幹線から、日本橋の架橋によって南北道＝新しい東海道に、幹線道の変更が関係したことが考えられる。中世以来の東西道が厳然として幹線であるならば、本丸北側が正面であり続け、このような変更は起きないであろう。

そして幹線道の変更によって、平河・大橋宿が解体され、東海道沿いに城下町が新設されたという変化があった。主たる町場へのアクセスが大手道の変更を必然とした。江戸の空間構造の変更が、江戸城の登城路の変更を求めたのだろう。

以上のように大手の変更は、建物建築から都市計画まで、ミクロからマクロへ種々の要因が輻輳《ふくそう》して関連していた。「慶長江戸図」は近世初頭の都市江戸の大改造の序曲を奏でていた。

惣構えの発案

「慶長江戸図」は江戸城の中核部を描いていた。この図の説明書とでもいえる『落穂集追加』も江戸城の完成といえるような画期を記していた。ところが両史料とも後年の寛永年間（一六二四～四四）に行われた惣構えまでについては、何ら記載することはない。江戸城の範囲は、「慶長江戸図」で尽きているかのようである。

しかし、現実には町場が範囲の外まで延びていたことは間違いない。その一つは本町通りの町場である。すでに外側にまで拡張し始めていた都市江戸は、その境界を模索し始めていた。一つの結実が寛永年間の惣構えであり、「慶長江戸図」が描く江戸城の拡張とほぼ同じ頃に惣構えの萌芽があったらしい。そのことを示唆する遺構が第4章で触れた喰違門《くいちがいもん》であ

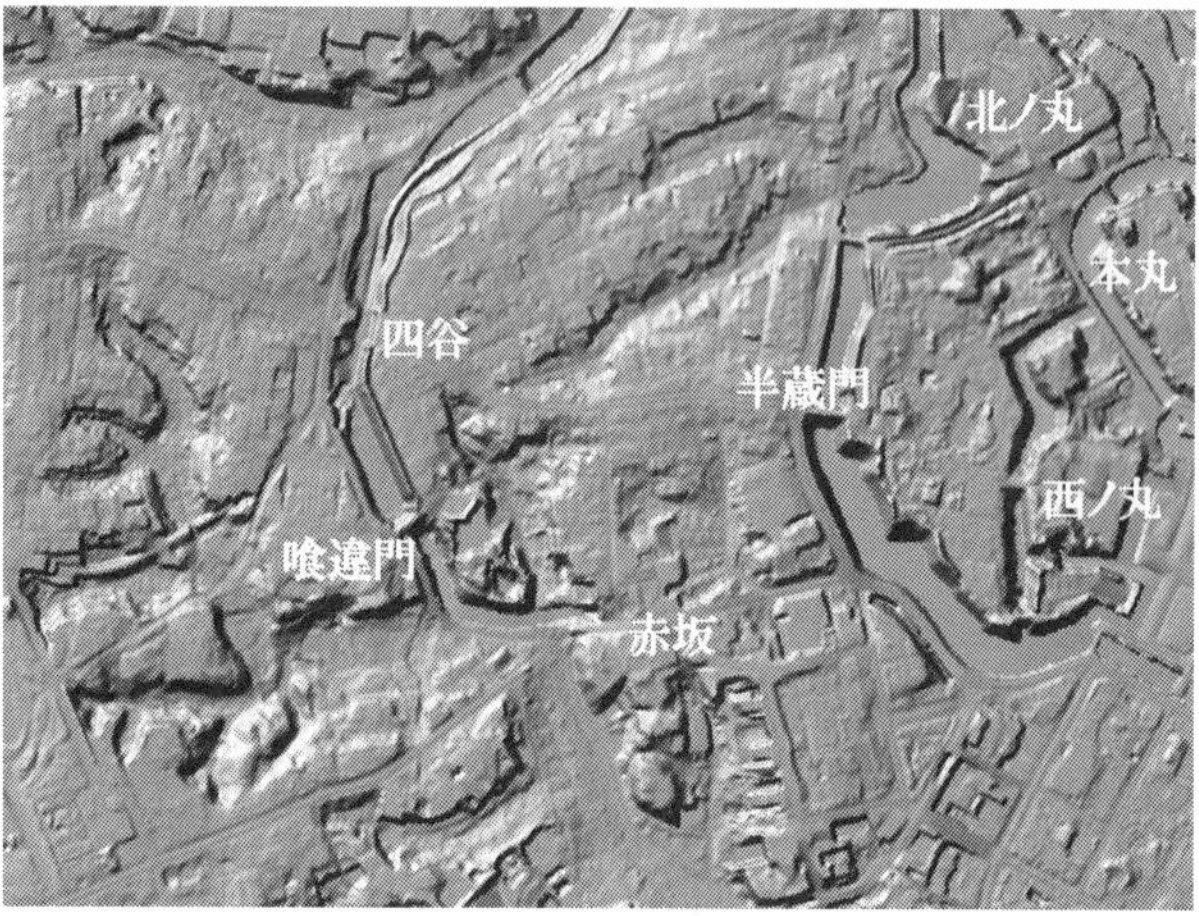

図37　江戸城西方面

る。喰違門が建設されたとき、江戸城の西方に続く台地と隔絶するため、四谷から赤坂にかけて、台地上に長大な堀切が掘られ、外郭線とされた（図37）。外郭線の堀切を跨《また》ぎ、外へと開かれた唯一の門が喰違門だった。

台地の先端に要害を構え、台地続きにある程度の距離を隔て、線状に堀を外郭線として普請する構造は、戦国期の関東地方でしばしば見られる。代表的な事例は結城《ゆうき》城（茨城県結城市）である。これを踏まえれば、江戸城は戦国時代関東の城づくりの流れの末端にあるといえるかもしれない。

そして、このときに普請された江戸城外郭線には、さらなる展開が準備されていた。そもそも喰違門が構えられ、台地を南北に刻んだ人工の堀切は両端の四谷と赤坂でそれぞれの谷に連結する。谷という自然の堀が江戸城の外縁部を固めていた。そしてこの二つの谷を利用し、新たに普請を加えて構えられたのが寛永年間に完成した惣構えである。とするならば、堀切を掘った段階に、堀切と南北にある四谷と赤坂の自然の谷を堀に見立てて連結させていたことは、もっと積極的に評価してよいだろう。つまりこの段階ですでに自然地形を取り込み、全体として一筋に結ばれた江戸城の外郭線が考えられていたのである。江戸城惣構えの発想は、徳川家光の段階ではなく、実は徳川秀忠の段階である慶長年代後半、つまり一時代前に構想されていたことになる。

喰違門について、いま一つ注意を払っておきたい点がある。第４章でも触れたように、喰違門は東西道に関連して構えられていた。時代はもはや、日本橋を架橋し、日比谷入江を埋め立て、南北道の東海道を通していたはずである。にもかかわらず喰違門は必要とされた。幹線道が変わっても喰違門の転換は簡単なものではなかった。それゆえに寛永期には喰違門の役割を分割し、四谷門と赤坂門を構え、それぞれを通過する街道が敷設されている。府中および青山の二方面から江戸城へ至る入口という喰違門が担った重要性を減じるため、府中からは四谷門、青山からは赤坂門という具合に、道と門が持つ役割の変更が求められたのだろう。

江戸の方位

都市江戸を語る上で忘れることのできない寺院として、浅草寺《せんそうじ》・増上寺がある。浅草寺の歴史は古代にまで遡る。坂東三十三所観音霊場の第一三番で、本尊は聖《しょう》観音菩薩（秘仏）である。江戸城の北東の方向に所在する。他方、増上寺の創建は一四世紀で、江戸時代以前は武蔵国豊島郡貝塚にあったとされている浄土宗寺院である。本尊は阿弥陀如来である。慶長三年（一五九八）に現在の芝の地に移転。徳川秀忠ほか将軍家の墓所も設けられた、徳川家と由緒深い寺院である。寺院の所在は江戸城の南となる。

観音菩薩は南の方向にある補陀落山《ふだらくさん》に住む仏とされる。そのため、ある特定の場所から南を意識して寺院が建立されることがあった。江戸城はどうであろうか。近隣で観音菩薩を本尊とする寺院は浅草寺である。先立って鎮座していた浅草寺を動かすことはできないとしたとき、江戸城から浅草寺の方向を、九〇度回転しておおよそ南と見立てるとどうなるであろうか。増上寺は本来の方向は南であるが、回転すると西に位置することになる。つまり、仏典が意図するように観音菩薩が南、そして阿弥陀如来が西に鎮座するという考えに一致するようになる。

そもそも前近代において、地図上の北は必ずしも北ではなかった。京都を起点として考え、東方向に向かった道は、そのまま東へと突き進む。江戸に至った時、東北地方は地図上の北であるのだが、道は一貫して東へ続くと考えられ、地図上の方位から九〇度ずれても北方向が東と認識される場合があった。逆に京都へと向かう東海道は日本橋から地図上では南へと向かうのであるが、西へと意識された。常に方位の起点には天皇が存在し、天皇を中心に方位は四方に向かう直線で意識された。前近代の独特な方位感覚である。

江戸において方位感覚がこのように九〇度のずれを持った原因は何か。それは幹線道が中世以来の東西道から近世東海道の南北道へと変更されたためであることは明らかであろう。この空間認識の変更により、増上寺が江戸城の地図上の西である貝塚から、地図上の南である芝に移転したという背景も推測できよう。

実は薬師如来も方位と関わりを持つ仏である。薬師如来は瑠璃光浄土のある東方を居所とする。そこで、江戸城から東方すなわち地図上の北を探るとどうであろうか。実は薬師如来は江戸城北に位置する寛永寺の本尊として祀られている。天台宗の別格大本山であった寛永寺は寛永二年（一六二五）に建立された。のちに徳川将軍家の墓所が営まれる。江戸の都市設計に位置づけられる寺院であることは明らかであろう。

江戸を通過する幹線道を、中世幹線道から近世東海道へと変更したことは、さまざまな都市建設に影響を与えていたのだった。

第9章　将軍家の城、都市へ――元和年間（一六一五〜二四年）

屛風のなかの江戸

江戸城の天守が焼失する以前、天守を含んだ江戸城と江戸の景観を描いた屛風がある。その一つが、第4章で取り上げた「江戸天下祭図屛風」である。六曲一双の屛風のなかで、祭礼の行列は右端の麴町門（半蔵門）を通過し、紀伊徳川家邸北側を通過している。右隻の主題が紀伊徳川邸だったのであろうか、その景観はひときわ立派に描かれている。

同時代とされる「江戸京都絵図屛風」（江戸東京博物館蔵）では、半蔵門より城内に入り、東に直進する道が記載される。この道は尾張邸と水戸邸の間を通る道で、西の丸の道灌堀の堀端でT字路となる。御三家の屋敷は西の丸と向かい合って構えられており、屋敷と西の丸の間には大道通りと呼ばれる直線道路がある。堀端を北の丸に向けて進むと先の祭礼の道に合流する。

とりわけ著名な屏風は「江戸図屏風」である。徳川一門の邸宅は優美に描かれ、江戸の華やかさの一翼を担っている。江戸城の周辺に屋敷を割り当てる際、徳川一門は優先して割り当てられ、徳川の本拠地である江戸を飾る装置として位置づけられた。日本橋方面を江戸の正面と考える現代の感覚からすると、いわば裏手とイメージされる吹上の位置に徳川一門は屋敷を有していた。日本橋を起点とする南北道を重視するのではなく、東西方向に江戸を貫く鎌倉大道の下道を重視して、徳川一門の屋敷が構えられていた。

江戸城の天守が建っていた頃、江戸の町は屏風に描かれるほど、ひときわ美しくかつ賑やかな町として成長していた。それにとどまることなく、江戸はさらに新しい町へと遷り変わっていった。その変化は決して急なものではなく、前代の遺産を引き継ぐように、徐々になされていった。東西道を意識して、城内の吹上に営まれた徳川一門の華やかな屋敷は、明暦の大火の後になって、ようやく外へと移転していった。

金箔瓦の町

「江戸天下祭図屏風」をよく見てみよう（図38）。右隻の中心には紀伊徳川家の屋敷が大きく描かれる。その屋根に注目すると、金色の点が直線状に塗られているのがわかる。軒丸《のきまる》

図38　「江戸天下祭図屏風」の紀伊徳川邸

瓦《がわら》の瓦当《がとう》に金箔《きんぱく》が押されている。いわゆる金箔瓦である。すべての屋敷が金箔瓦を葺いているわけではなく、江戸の大名屋敷を金箔瓦が飾っていた。この様子は「江戸図屏風」でも同じである。

金箔瓦は織田信長の安土《あづち》城が先駆とされ、豊臣期に各所の城館で用いられた。城館だけにとどまらず、豊臣家が拠点とした京都や大坂、そして伏見などの都市には金箔瓦で装われた大名屋敷が建てられていた。戦国時代から寛永期頃までは金銀の産出量が多かったことも背景にあり、都市の中では金で飾られた、豪華な建物がよく見られた。金装飾は権威の表出だった。

江戸城にも金箔瓦を葺いた建物があったのだろうか。存在したかもしれない。しかし江戸城中心部の発掘調査ではそのような確証をつかむに至っていない。とはいえ、城下の屋敷地に金箔瓦が葺かれていたことは発掘事例が語っている。道灌堀外側の大道通りの発掘調査によって、四分の一ほどの破片になった軒丸瓦には金箔があった。おそらくは明暦の大火以前の徳川御三家の屋敷に葺かれていた瓦であろう。また東京大学構内からも出土している。加賀前田邸の金箔瓦家《きんぱくがわらや》である。城下で金箔瓦が葺かれていたとすれば、江戸城内でも使用されていたと考えたい。

近年の発掘調査からは、江戸時代初頭の江戸は金で装われた都市であったことがうかがえる。新時代を迎え、将軍の居所として江戸はさらなる転換を迎えていく。

馬出から枡形門へ

徳川家康段階の江戸城本丸・西の丸に馬出があったことはすでに触れた。しかし、豊臣期という時代を象徴する施設である馬出は、「慶長江戸図」の段階以後に江戸城では消滅している。整備されたあとの江戸城の登城路で馬出は採用されていない。代わりに、次第に規格化された枡形門が採用され、城内各所に配置された。

徳川家が好んだ枡形門とは、高麗門《こうらいもん》と櫓門《やぐらもん》をセットにし、両者を城壁で連結させ、内部に平坦な四角空間をつくるという形式である（図39）。ポイントは方形の区画の二辺に配置

図39　大手門

された櫓門と高麗門である。一般に枡形門は、ひと折れで方形を意識しつつ櫓門だけを構える形式が多いが、徳川家の枡形門は高麗門と櫓門の二つの門を連結している。この形式は江戸城だけでなく、大坂城・名古屋城など、徳川家が関係した城館を中心に広がっていった。

馬出が消え、枡形門という新しい形式の門が採用された。とかく門は家の顔として重要視され、城の設計と同じく、城主の権威を表す。門に独自の設計を採用するということは一つの表現である。また、第6章で『落穂集追加』に見られる本多正純の逸話を紹介したように、豊臣期では馬出が権威の象徴であったものの、枡形門がこれに取って代わった。馬出から枡形門への移行は、時代の変化を如実に示しているであろう。

である。

石垣が黒から白へ

このように、城は権威を示す場であった。権力者の交代を告げるしるしは城内の随所で見られた。その多くは障壁画、金具など建物に関係するものである。そして外観の石垣もそうである。

第8章で見たように、家康の命令による慶長一一年（一六〇六）の普請のときの石垣は、伊豆半島付近の安山岩が使用されていた。石材の色調は灰色で白や黒の斑点模様があり、できあがった江戸城の石垣は全体として黒っぽい印象があった。そして組みあがった石材の形状じたい、一つ一つが整ったものではなく、実にさまざまな形を呈していた。

それが、石材にも変化が起きた。江戸城でも白御影石が使用されるようになったのである。ただし調達に問題を残したのか、大坂城や二条城のように白御影石は全面的にではなく、必要な場所だけに使用された。例えば、登城路の中雀門や中ノ門、算木積みの隅石、そして明暦の大火後に再建された天守台である。これらはいずれも目立つ場所であり、まさに権威を示す場所といってよい。それまでの不整形ではなく、白御影石の石垣は石材一つ一つが四角を意識して整形されている。

黒から白へ、不整形から整形へ、見た目の清浄感を生む石垣は、まさに征夷大将軍の権威をより高める装置と言える。時代は変わり、石垣も変わった。

三度の天守

天守も時代の変化を象徴的に語っていた。

江戸城天守への注目は実に高いのだが、わからないことが多い。しかしながら、徳川家の権威を考える上で避けて通れず、若干ながら触れてみたい。

江戸城に天守が建てられていたのは、慶長一二年（一六〇七）の竣工から、明暦三年（一六五七）正月の明暦の大火で焼亡するまでのあいだである。江戸時代が慶長八年（一六〇三）から慶応三年（一八六七）まで二六五年にもわたるのに対し、天守が江戸城に聳えていたのはわずか五一年である。天守のない江戸城の時代のほうがおよそ五倍も長く、その意味では天守の存在意義はいかほどであったか。

加えて、江戸城の天守は三度も建てられている。最初の天守は慶長一二年、二度目の天守は元和九年（一六二三）頃、三度目の天守は寛永一五年（一六三八）である。三度目の天守は明暦の大火で焼失するので、存続したのは二〇年である。慶長期および元和期の天守はいかなる理由で終末を迎えたかは明らかではないが、長く見積もって慶長期天守は一六年間、元和期天守は一五年間ほど存続したことになる。各地に現存する天守が江戸時代初頭以降に

図40 『武州州学十二景図巻』

存続したことを考えると、江戸城の天守の寿命はきわめて短い。そして三度の建て替えのために、天守の具体的なイメージもつまびらかでない。

江戸城天守が描かれた屏風として「江戸図屏風」「江戸名所図屏風」「江戸天下祭図屏風」「江戸京都絵図屏風」の四つが知られている。加えて、「武州豊島郡江戸庄図」のような絵図にも描かれている。

それぞれの屏風などに描かれる千鳥破風《ちどりはふ》や唐《から》破風、壁面構造を比較すると、描かれた天守は一様でないことは明らかである。屏風を描いた画家たちは江戸の景観や風俗を描くことを主目的としていたのであり、天守そのものをどれだけ忠実に描こうとしたかは定かではない。屏風は工房で制作され、素材となる天守をどれだけ正確に書き取ったかも明らかではない。多くは寛永期の天守を描いたと予想されるが、天守のイメージは正確とはいえないようだ。

そのようななか、『武州州学十二景図巻《ぶしゅうしゅうがくじゅうにけいずかん》』に描かれた江戸城天守は注目したい絵画である（図40）。画家が天守そのものを描こうとしていること、江戸周辺の代表的な景観を集めたものであることから、景観そのものを重視していること、以上から写生に近い描画だったと予想されるからである。しかし、写生は上野からの遠望であり、墨の線も淡い。屏風などの絵画よりは実際に近いイメージかもしれないが、具体像には届かない。

再建の理由

三度目の天守は明暦の大火で焼失した。では家康が建てた一度目と、秀忠が建てた二度目の天守はなぜなくなったのであろうか。一度目の天守は本丸面積が狭小だったため、本丸拡張にともない取り壊されたという説がある。「慶長江戸図」に描かれた位置から、おおよそ現在の天守台の位置へ移されたのもこのときであるという。

二度目の天守については、近年に福田千鶴が「たたむ」という語彙から意図的に壊したという重要な見解を示している（福田二〇二〇）。三度目の家光の天守は、二度目の秀忠の天守を少なくとも取り壊して再建した。遠く江戸城天守を望む人々にとって、時代の変化、将軍の交代を示すわかりやすい表現となろう。一度目から二度目への建て替えも、同じ効果が期待されていたのだろう。

門の形式、石垣、建物の内装など、城は新しく生まれ変わることで時代の変化を語ろうとしていた。となれば天守にも、同じ期待が注がれていたと考えてよいだろう。

天守を考える素材はいくつかある。しかし、三度の天守の具体像はまだ解明できない。そして江戸城が歴史を刻んだ年代の大半は天守がなかったのである。この点は揺らがない。天守がなくとも江戸城は存続した。またその時々に個性を表現していた三度の天守は個々独自のものであった。これらの点は江戸城を考える上で重要な点であり、一つの天守のみをクローズアップさせることは、江戸城の存在意義を限定してしまうだろう。その意味ではまぼろしのままのほうがよいのかもしれない。

ところで、千田嘉博は「江戸始図」の読解から慶長期の江戸城天守について新しい説を提唱した(千田嘉博・森田知範二〇一七)。「本丸内部で第一に注目すべきは天守群です。現在の江戸城の本丸は中に天守台だけがぽつんとありますが、「江戸始図」が描いた慶長期の江戸城では、連立式の天守群を構成していて、想像を絶した堅固な構えになっていたと確認できます」、「慶長期の江戸城の大天守が単立したのではなく、姫路《ひめじ》城のように連立式天守であったと確実になったからです」と述べた。

「江戸始図」が記載している、大天守西側の本丸壁面に方形の黒塗り四角とは、小天守の存在を示唆するのではないか。この記載から千田は連立式天守を導き出した。ところが一連の「慶長江戸図」には「江戸始図」が記載するような、本丸西側塁壁に大天守と連結する小天守が存在するような描画はない。一連の絵図群のなかで、「江戸始図」だけに小天守を思わせる描写がある。どうやらこの記載は誤写のようである。残念ながら、姫路城のような連立式天守は江戸城には聳えてはいなかった。

おわりに――「大江戸」の完成へ

霊廟と紅葉山東照宮

徳川秀忠が将軍であった元和二年（一六一六）四月一七日、遺言のとおりに徳川家康の亡骸《なきがら》は駿河国久能山《くのうざん》に埋葬された。朝廷より「東照大権現《とうしょうだいごんげん》」の神号が授けられ、久能山東照社が建立された。この建物は平成二二年（二〇一〇）に国宝になった。遺言は一年後に遺骸を日光に移すことを定めていた。そのため元和二年一〇月から日光で社殿が着工され、翌年四月一七日に正遷宮の儀が執り行われた。その後、正保二年（一六四五）には東照社から東照宮へと改称すべき宣下を朝廷から受けた。

久能山東照宮および日光東照宮はとりわけ著名な東照宮である。全国各地の城下町にも東照宮は建立された。江戸時代の都市を構成する一要素として、東照宮は欠かせない存在となっていた。江戸にも上野東照宮ほかが建立され、とりわけ江戸城内に建立された東照宮は重要な存在であった。

城内の東照宮は江戸城内の本丸と西の丸に挟まれた紅葉山に建立された。紅葉山の北西に鎮座し、拝殿から一直線に唐門・勅額御門・二ノ鳥居が並び、その先に一ノ鳥居が配された。江戸時代は毎月一七日の家康の命日に、将軍自身もしくは老臣の参詣があった。

周辺には二代将軍秀忠廟である台徳院廟ほか六代家宣《いえのぶ》までの霊廟が造成された。七代家継《いえつぐ》より後は家光の大猷院廟《だいゆういんびょう》以下の霊廟に合葬された。紅葉山にはあたかも東照宮の随身であるかのごとく歴代将軍の霊廟が立ち並んでいた。そればかりではなく、寛永一六年(一六三九)には、集積したさまざまな書籍を納める御文庫と、将軍家の具足などを収蔵する具足蔵(武器庫)が紅葉山の一角に移されている。文庫は紅葉山文庫と呼ばれている。徳川将軍家によるイデオロギー支配の中枢に紅葉山は位置づけられたのだった。

惣構え

「江戸図屏風」および「武州豊島郡江戸庄図」は、徳川家光の頃の江戸を語る重要史料として知られる。いずれも寛永年間頃の江戸の様相を伝えているとされ、明暦の大火以後には見ることのできなくなる江戸城天守も聳えている。後者の地図には寛永九年(一六三二)の記載があるが、当時に刊行された地図は現存せず、江戸後期になって刊行された木版もしくは写本である。しかし大名家の記載など、寛永期当時の情報を伝える地図として活用されている。

両者とも天守を中心に、本丸・北の丸・西の丸などに堀が廻る江戸城中核部を描く。しかし外堀の記載は不十分である。隅田川に注ぐ神田川や赤坂の溜池を描くものの、二本の河川をつなぐ大規模な外堀を描いていない。ともに描かれた状況は普請される以前の様相なのであろう。とりわけ「武州豊島郡江戸庄図」はまさに普請以前の発行であった。つまり両者は、外堀すなわち外城を持たない段階の江戸城を描いている。

寛永一三年(一六三六)、江戸城外堀普請が行われ、江戸城の外郭が整備された。現在も外堀とその石垣や土手、城門の石垣の一部が残されている。この外堀普請により江戸の外郭が整い、惣構えを持った江戸城が形になった。

家康が見た江戸

家康が関わった時代の江戸と江戸城を描き出そうと心がけた。家康入城以降、江戸の相貌は大きく変化している。家康と江戸の関わりを確認するというのが本書の大きな目標であった。家康や秀忠が江戸と関わった時期の人々、言い換えれば中世に築き上げられた江戸を見つつ、新たな江戸を展望した一七世紀初頭の人々の目を通して、都市江戸の姿を模索してきた。その姿とは、転換期の江戸ということに尽きる。中世から近世へ、豊臣大名徳川家から徳川将軍家、東西から南北への幹線道の転換、本丸登城路の変更などなど、多くの点で家康の時代は江戸が変化する画期だった。

しかし、そこは終点ではない。秀忠の晩年そして家光の時代になって、家康の時代とは異なる、より大きな江戸が登場した。紅葉山東照宮や惣構えが確立して江戸城の内外で変化が生まれ、新しい時代の江戸を形成していった。そして「大江戸八百八町」と称されるごとくにとどまるところを知らず、江戸は成長を続けていった。そのような「大江戸八百八町」が誕生する以前の江戸の姿を描けたとすれば、本書が意図するところは達成であろう。

しかしである。家康の姿を具体的に描けなかった。設計に携わる姿、現場を監督する活動、江戸の町のなかでの家康を。そもそも家康は上方・駿府・江戸を行き来していた。これに対して、江戸に腰を据え、諸事にあたっていたのは秀忠であった。家康がいたのはほとんど京都と駿府。江戸の普請で登場したのは本多正純だった。さらに江戸城が徳川の城として生まれ変わる本格的な普請は、家康が将軍を譲った後の慶長一一年からであった。徳川秀忠の時代である。むしろ秀忠と江戸の関係がより深い。家康はまさに変化する江戸の節々に関わり、遠く駿府や京都から見守ってきたように思う。おそらく直接的に関わったであろう秀忠と江戸の関係を再評価することも、本書が意図したところであった。

江戸幕府の始まりはいつかと問うのと同じく、家康の江戸城と城下町との直接的な関わりも一言では言いがたい。むしろ「大江戸八百八町」としてイメージされる江戸城と城下町は秀忠と家光の時代以後に形成されたことは確かだろう。

江戸開府も同じかもしれない。家康と秀忠の時代は本格的な江戸幕府の体制を準備した時代である。本書が描いたイメージをもとに、いま一度、江戸幕府の始まりを考えてみる必要があるのではないだろうか。とかくイメージは固定観念、先入観などに縛られやすい。江戸の根源を、史料に基づいて考え直すという歴史本来の方法に立ち戻って、考えてきた。そこから新しい世界への模索ができればと願う。江戸幕府の成立も、そして家康の頃の江戸の姿も。

あとがき

二〇〇七年正月、「江戸城展」と題する展覧会を、職場の東京都江戸東京博物館で開催した。思い起こすと、じつに失敗だらけで、いまでも穴があったら入りたい思いになるが、多くの来館者に恵まれ、評判となった展覧会であった。

この展覧会が終わってからであろうか、竹内誠さん（当時館長）から、「君は江戸を中世からの連続で考えるが、私は断絶で考える」とのコメントをいただいた。都市江戸の理解について、中世との相違を大きく評価するお立場にあって、連続して理解しようとする自説はお気に召さなかったらしい。事実、常設展の内容についても同じ視点から修正のご指導をいただいたこともあった。博物館である以上、館長の意思は絶対である。しかし学問的には私の考えとは大きな溝があった。

ところで、江戸東京博物館の常設展示をご存じであろうか。四本足の建物の六階に至ると、常設展の入口がある。カウンターを越えると、大空間を横断する原寸大の日本橋を目にすることができる。日本橋を渡れば、そこには寛永年間（一六二四〜四四年）の江戸の品々が並び、往古の世界に触れることができる。

寛永年間とはいったものの、常設展のコンセプトは江戸時代の初め、家康の江戸入封からであった。コンセプトと実際の展示の間には、なぜか三〇年ほどのギャップがある。展示計画の検討に携わっていた竹内さんに伝え聞いたところによると、当初は慶長年間（一五九六〜一六一五年）から展示をスタートしよう考えたという。このことを主張されたのは、本書でも取り上げさせていただいた鈴木理生さんだったようだ。江戸湊《みなと》をキーワードに中世からの連続で江戸を考える鈴木さんと、都市史から江戸の質的変化を重視して断絶で考える竹内さんとでは、見解の相違が大きくあり、かなりの激論になったと想像される。

結果的に、コンセプトはともかく、江戸時代初期の様相を語る具体的な展示作品がないこと、また研究も十分ではないという現実に突き当たった。それゆえに「江戸図屛風」と「江戸名所図屛風」がキーとなる寛永年間が展示のスタートになった。以来、江戸時代初期の姿は博物館の研究および展示の課題となっていた。およそ慶長期を中心とする江戸時代初めの三〇年間をどのように描くか。その時代を連続とするのか、断絶とするのか。この視点は博物館の課題にとどまらず、中世から近世への移行期を理解する上で重要なテーマである。

この課題に対して、私は江戸の変遷を中世から連続して考えるという視点を貫いてきた。寛永期以降とそれ以前が断絶するというイメージは、慶長期を中心とする江戸時代初期の実像を脱落させることによって生まれたとも考えていた。そのような問題意識に私なりに答えたのが本書である。しかし、なんとも残念としか言いようがない。お二人とも鬼籍に入られ、本書をご覧に入れることはかなわない。あるいは天国でご覧になられたとすれば、竹内さんは今回も「しょうがない！」とお叱りの一言を発せられたであろうか。

思い起こすと、一九八八年に江戸東京博物館（当時は財団法人東京都文化振興会江戸東京博物館資料収集室）の採用試験を受け、奉職することになった。この採用試験の試験勉強で読んだ本の一冊が、玉井哲雄さんの『江戸――失われた都市空間を読む』（一九八六）だった。本町通りという江戸時代初頭に設定された江戸の城下町の存在に刺激を受けつつ、この町場ができた背景はいかなるものかと思い悩んだ。そしてこのときに読んだもう一冊が、鈴木理生さんの『江戸の都市計画』（一九八八）だった。博物館学芸員の起点にこの二冊があるといっても過言ではない。採用とともに、この学恩を継承し、研究を進展させるのが私の役目と思うようになっていた。地域の学芸員として必然だったのだろう。

博物館が掲げた課題、採用のときに得た学恩という、私に与えられたこれら二つの命題に、自問自答を続け、回答を模索してきた。しかしながら、生来の怠惰な性格のため、そのまま形になることがなく時間ばかりが経過した。人生の節目を目前にして、ようやく一つの到達点に辿り着けたかもしれないと思い、本書を目論んだ。無論、残した課題も少なくはない。ゆえに定点を刻むという意味での到達点ではある。そのような背景もあり、本書はあたかも卒業論文のようにも感じられる。自分勝手な思いは数々あれど、置き土産になっていれば、と願うばかりではあるが。

それにしても中公新書の編集作業には驚かされる。本書が成ったのも、胡逸高さんをはじめとしたかたがたのご尽力による。感謝の言葉を忘れることはできない。もちろんお世話になった人は他にも大勢である。家族や職場のかたがたをはじめ、多くのかけがえのない人たちがいる。そのかたがたに深く感謝しつつ、いまは自身の定点を見つめたい。

二〇二一年一一月

齋藤慎一

図版出典一覧

はじめに

図1　二〇二一年四月一六日、筆者撮影
図2　二〇二一年四月一六日、筆者撮影

第2章

図3　早稲田大学本庄校地文化財調査室『大久保山Ⅵ』、一九九八
図4　千代田区教育委員会、二〇一一より加筆
図5　水本和美、二〇一四
図6　菊池山哉、一九九二
図7　二〇二〇年九月一八日、筆者撮影
図8　水本和美、二〇一四
図9　二〇二〇年九月一九日、筆者撮影
図10　「武州川越城図」（静嘉堂文庫）を参考に作図

第3章

図11　シンポジウム・埼玉の戦国時代『検証　比企の城』史跡を活用した体験と学習の拠点形成事業実行委員会、二〇〇五

第4章

図13　二〇二〇年九月一八日、筆者撮影

図14　『北青山遺跡』北青山遺跡調査会、一九九七
図15　千代田区一ッ橋二丁目調査会ほか、一九九八
図16　千代田区一ッ橋二丁目調査会ほか、一九九八
図17　高木翼郎氏原図、橋口定志「鎌倉街道高田宿と下戸塚遺跡」、橋口定志編『中世社会への視角』高志書院、二〇一三

第6章

図18　東京都立中央図書館特別文庫室蔵、請求番号 A11-1／東 A11-001
図19　松江歴史館蔵
図20　筆者作成
図21　百瀬正恒「聚楽第の築城と都市の発展」、日本史研究会編『豊臣秀吉と京都　聚楽第・御土居と伏見城』文理閣、二〇〇一
図22　富山考古学会『越中の近世城郭――高岡城からみえてくるもの《資料集》』、二〇〇九
図23　高岡市教育委員会作成、富山考古学会『越中の近世城郭――高岡城からみえてくるもの《資料集》』、二〇〇九
図24　『日本城郭大系』3　山形・宮城・福島、新人物往来社、一九八一
図25　『史跡箕輪城跡調査報告第8集』高崎市教育委員会、二〇〇八
図26　中山光久写、『史跡小田城跡保存管理策定報告書』筑波町教育委員会、一九八五
図27　中井均「加納城の構造――特にその平面形態について」、『史跡　加納城跡』岐阜市教育委員会、二〇〇三
図28　中井均「加納城の構造――特にその平面形態について」、『史跡　加納城跡』岐阜市教育委員会、二〇〇三
図29　「慶長江戸図」東北大学附属図書館狩野文庫蔵 3-8827-1
図30　二〇〇〇年五月二四日、筆者撮影
図31　「慶長江戸図」東北大学附属図書館狩野文庫蔵 3-8827-1
図32　国土地理院地図陰影起伏図に加筆

第8章

図33　筆者作成
図34　二〇一九年一一月二四日、筆者撮影
図35　二〇二〇年九月一九日、筆者撮影
図36　東北大学附属図書館狩野文庫蔵 3-8827-1
図37　国土地理院地図陰影起伏図に加筆

第9章

図39　二〇二〇年九月一九日、筆者撮影
図40　東京都江戸東京博物館蔵 88200001

参考文献

相田文三「徳川家康の居所と行動（天正10年6月以降）」、藤井譲治編『織豊期主要人物居所集成』思文閣出版、二〇一一
伊藤宏之「千代田区の板碑」、『千代田区文化財年報』第2号、千代田区教育委員会、二〇一四
江戸城跡北の丸公園地区遺跡調査会『江戸城跡北の丸公園地区遺跡』、一九九九
榎原雅治『地図で考える中世　交通と社会』吉川弘文館、二〇二一
大類伸『城郭之研究』日本学術普及会、一九一五
岡野友彦『家康はなぜ江戸を選んだか』江戸東京ライブラリー9、教育出版、一九九九
勝守すみ『太田道灌』日本の武将26、人物往来社、一九六六
加藤建設株式会社『大手町一丁目遺跡』、二〇一四
「角川日本地名大辞典」編纂委員会『東京都』角川日本地名大辞典13、一九七八
株式会社CELほか『一橋徳川家屋敷跡』、二〇一八
菊池山哉『五百年前の東京』批評社、一九九二（初出『東京史談』第二四巻三・四号、一九五六）
黒田基樹『戦国大名北条氏の領国支配』岩田書院、一九九五
古泉弘「中世江戸の景観――復元への模索」、『文化財の保護』二一、一九八九
国史大辞典編集委員会『国史大辞典』第一〇巻、吉川弘文館、一九八九
後藤宏樹「江戸の原型と都市開発　作り替えられる水域環境」、『国立歴史民俗博物館研究報告』、二〇〇四
小松和博『江戸城　その歴史と構造』名著出版、一九八五
小山貴子「江戸前島の中世的景観について」、武蔵文化財研究所『東京都千代田区　有楽町一丁目遺跡』、二〇一五
小山貴子「中世豊島郡の宗教構造に関する基礎考察――郡北部地域を中心に」、『生活と文化』二六、二〇一七
今野慶信『中世の豊島・葛西・江戸氏』岩田書院、二〇二一

埼玉県立図書館編『石川正西聞見集』、一九六八
齋藤慎一『中世東国の道と城館』東京大学出版会、二〇一〇
齋藤慎一「慶長期の江戸城～「慶長江戸図」・「江戸始図」の再検討～」、『東京都江戸東京博物館紀要』第九号、二〇一九
齋藤慎一「「高橋」と「大橋」～中世から近世初頭における江戸城下の景観～」、『東京都江戸東京博物館紀要』第一〇号、二〇二〇
齋藤慎一「江戸の改変～文禄・慶長前期の景観～」、『東京都江戸東京博物館紀要』第一一号、二〇二一
佐藤博信『古河公方足利氏の研究』校倉書房、一九八九a
佐藤博信『中世東国の支配構造』思文閣出版、一九八九b
佐藤博信『続中世東国の支配構造』思文閣出版、一九九六
佐藤博信『中世東国 足利・北条氏の研究』岩田書院、二〇〇六a
佐藤博信『中世東国政治史論』塙書房、二〇〇六b
佐藤博信『中世東国の権力と構造』校倉書房、二〇一三
佐藤博信「古河公方足利義氏と都市鎌倉――特に「鎌倉様」段階を中心に」、『千葉史学』七二、二〇一八
下山治久『後北条氏家臣団人名辞典』東京堂出版、二〇〇六
鈴木尚『日本人の骨』岩波書店、一九六三
鈴木理生『江戸と江戸城――家康入城まで』新人物往来社、一九七五
鈴木理生『江戸と城下町――天正から明暦まで』新人物往来社、一九七六
鈴木理生『江戸の川・東京の川』放送ライブラリー16、日本放送出版協会、一九七八
鈴木理生『江戸の都市計画』三省堂、一九八八
鈴木理生『江戸はこうして造られた』ちくま学芸文庫、二〇〇〇（原題『幻の江戸百年』筑摩書房、一九九一）
千田嘉博「集大成としての江戸城」、『織豊系城郭の形成』東京大学出版会、二〇〇〇
千田嘉博・森田知範『江戸始図でわかった『江戸城』の真実』宝島新書、二〇一七

竹井英文「徳川家康江戸入部の歴史的背景」、『日本史研究』六二八、二〇一四
竹内理三編『家忠日記』増補続史料大成、臨川書店、一九六八
谷口榮「歴史舞台地図追跡　家康以前の江戸前島と日比谷入江」其の一八〜二一、『地図中心』、二〇一七・二〇一八
谷口榮『東京下町の開発と景観』雄山閣、二〇一八
玉井哲雄『江戸——失われた都市空間を読む』平凡社、一九八六
千代田区『新修千代田区史』通史編、一九九八
千代田区役所『千代田区史』上、一九六〇
千代田区教育委員会『江戸城　和田倉遺跡』、一九九五
千代田区教育委員会『江戸城の考古学』、二〇〇一
千代田区教育委員会『江戸城の考古学Ⅱ』第Ⅰ分冊、二〇一一
千代田区九段南一丁目遺跡調査会『九段南一丁目遺跡』、二〇〇五
千代田区東京駅八重洲北口遺跡調査会ほか『東京駅八重洲北口遺跡』第一分冊・第二分冊、二〇〇三
千代田区一ッ橋二丁目遺跡調査会ほか『一ッ橋二丁目遺跡』、一九九八
千代田区丸の内1－40遺跡調査会『丸の内一丁目遺跡』、一九九八
千代田区丸の内一丁目遺跡調査会『丸の内一丁目遺跡Ⅱ』、二〇〇五
東京国立近代美術館遺跡調査委員会『竹橋門』、一九九一
東京市役所『東京市史稿』市街編第弐、博文館、一九一四
東京都「江戸の生誕と発展（東京前史）」、『東京百年史』第1巻、一九七九
東京都埋蔵文化財センター『千代田区　江戸城跡——北の丸公園地区の調査』、二〇〇九
東京都埋蔵文化財センター『千代田区　江戸城跡　三の丸地区』、二〇一五
豊島区遺跡調査会『雑司ヶ谷Ⅲ』、二〇一〇
伴三千雄『東京城史』日本魂出版部、一九一八（復刻『江戸城史（増補東京城史）』名著出版、一九七四）
中井均「加納城の構造——特にその平面形態について」、『史跡　加納城跡』岐阜市教育委員会、二〇〇三

中丸和伯『慶長見聞集』江戸史料叢書、人物往来社、一九六九
野中和夫編『石垣が語る江戸城』同成社、二〇〇七
野中和夫『江戸城──築城と造営の全貌』同成社、二〇一五
芳賀善次郎『旧鎌倉街道　探索の旅』中道編、さきたま出版会、一九八一
萩原達夫・水江漣子校注『落穂集追加』江戸史料叢書、人物往来社、一九六七
萩原龍夫『中世東国武士団と宗教文化』岩田書院、二〇〇七
橋口定志「鎌倉街道高田宿と下戸塚遺跡」、橋口定志編『中世社会への視角』高志書院、二〇一三
橋口定志「神田川の高田一枚岩」、豊島区郷土資料館だより『かたりべ』109、二〇一三
橋口定志「清戸道の復権（上）」、豊島区郷土資料館だより『かたりべ』113、二〇一四
橋口定志「清戸道の復権（下）」、豊島区郷土資料館だより『かたりべ』114、二〇一四
橋口定志「鎌倉街道中道と江戸氏・松原氏」、『生活と文化』第24号、二〇一五
福田千鶴『城割の作法　一国一城への道程』吉川弘文館、二〇二〇
平凡社地方資料センター『東京都の地名』日本歴史地名大系第一三巻、平凡社、二〇〇二
前島康彦「太田道灌」、『太田氏の研究』関東武士研究叢書3、名著出版、一九七五（初出「太田道灌」、太田道灌公事蹟顕彰会、一九五六）
水江漣子『家康入国』角川書店、一九九二
水本和美「千代田区関連板碑の悉皆調査──区内中世遺跡の評価とともに」、『千代田区文化財年報』第2号、千代田区教育委員会、二〇一四
武蔵文化財研究所『東京都千代田区　有楽町一丁目遺跡』、二〇一五
村井益男『江戸城』中公新書、一九六四
山田邦明『鎌倉府と地域社会』同成社、二〇一四
早稲田大学校地埋蔵文化財調査室『下戸塚遺跡の調査』第4部・中近世編、一九九七
早稲田大学本庄校地文化財調査室『大久保山Ⅵ』、一九九八

地図作成　地図屋もりそん

齋藤慎一（さいとう・しんいち）

1961年東京都生まれ．85年明治大学文学部史学地理学科卒業．89年明治大学大学院文学研究科史学専攻博士後期課程退学．2001年博士（史学）．1988年より都立江戸東京博物館学芸員．組織改編をへて2010年より公益財団法人東京都歴史文化財団江戸東京博物館学芸員．専門は日本中世史・近世史・都市史．

著書『中世東国の領域と城館』（吉川弘文館，2002年）
『戦国時代の終焉』（中公新書，2005年）
『中世武士の城』（吉川弘文館，2006年）
『中世を道から読む』（講談社現代新書，2010年）
『中世東国の道と城館』（東京大学出版会，2010年）
『中世東国の信仰と城館』（高志書院，2021年）
編著『城館と中世史料―機能論の探求』（高志書院，2015年）

江《え》戸《ど》
――平安時代《へいあんじだい》から家康《いえやす》の建設《けんせつ》へ
中公新書 2675

2021年12月25日初版
2022年12月10日再版

著　者　齋藤慎一
発行者　安部順一

本文印刷　三晃印刷
カバー印刷　大熊整美堂
製　　本　小泉製本

発行所 中央公論新社
〒100-8152
東京都千代田区大手町 1-7-1
電話　販売 03-5299-1730
　　　編集 03-5299-1830
URL https://www.chuko.co.jp/

定価はカバーに表示してあります．落丁本・乱丁本はお手数ですが小社販売部宛にお送りください．送料小社負担にてお取り替えいたします．

本書の無断複製（コピー）は著作権法上での例外を除き禁じられています．また，代行業者等に依頼してスキャンやデジタル化することは，たとえ個人や家庭内の利用を目的とする場合でも著作権法違反です．

©2021 Shinichi SAITO

Published by CHUOKORON-SHINSHA，INC.
Printed in Japan　ISBN978-4-12-102675-0 C1221

中公新書刊行のことば

一九六二年一一月

いまからちょうど五世紀まえ、グーテンベルクが近代印刷術を発明したとき、書物の大量生産は潜在的可能性を獲得し、いまからちょうど一世紀まえ、世界のおもな文明国で義務教育制度が採用されたとき、書物の大量需要の潜在性が形成された。この二つの潜在性がはげしく現実化したのが現代である。

いまや、書物によって視野を拡大し、変りゆく世界に豊かに対応しようとする強い要求を私たちは抑えることができない。この要求にこたえる義務を、今日の書物は背負っている。だが、その義務は、たんに専門的知識の通俗化をはかることによって果たされるものでもなく、通俗的好奇心にうったえて、いたずらに発行部数の巨大さを誇ることによって果たされるものでもない。現代を真摯に生きようとする読者に、真に知るに価いする知識だけを選びだして提供すること、これが中公新書の最大の目標である。

私たちは、知識として錯覚しているものによってしばしば動かされ、裏切られる。私たちは、作為によってあたえられた知識のうえに生きることがあまりに多く、ゆるぎない事実を通して思索することがあまりにすくない。中公新書が、その一貫した特色として自らに課すものは、この事実のみの持つ無条件の説得力を発揮させることである。現代にあらたな意味を投げかけるべく待機している過去の歴史的事実もまた、中公新書によって数多く発掘されるであろう。

中公新書は、現代を自らの眼で見つめようとする、逞しい知的な読者の活力となることを欲している。

日本史

d1

2189 歴史の愉しみ方　磯田道史
2455 日本史の内幕　磯田道史
2295 天災から日本史を読みなおす　磯田道史
2579 米の日本史　佐藤洋一郎
2389 通貨の日本史　高木久史
2321 道路の日本史　武部健一
2494 温泉の日本史　石川理夫
2671 親孝行の日本史　勝又基
2500 日本史の論点　中公新書編集部編
1617 歴代天皇総覧（増補版）　笠原英彦
2302 日本人にとって聖なるものとは何か　上野誠
2619 もののけの日本史　小山聡子
1928 物語 京都の歴史　脇田修・脇田晴子
2345 京都の神社と祭り　本多健一
2654 日本の先史時代　藤尾慎一郎

2709 縄文人と弥生人　坂野徹
482 倭国　岡田英弘
147 騎馬民族国家（改版）　江上波夫
2164 魏志倭人伝の謎を解く　渡邉義浩
1085 古代朝鮮と倭族　鳥越憲三郎
2533 古代日中関係史　河上麻由子
2470 倭の五王　河内春人
2462 大嘗祭―天皇制と日本文化の源流　工藤隆
2095 『古事記』神話の謎を解く　西條勉
1502 日本書紀の謎を解く　森博達
2362 六国史《りっこくし》―日本書紀に始まる古代の「正史」　遠藤慶太
2673 国造―大和政権と地方豪族　篠川賢
804 蝦夷《えみし》　高橋崇
1041 蝦夷《えみし》の末裔　高橋崇
2699 大化改新（新版）　遠山美都男
1293 壬申の乱　遠山美都男
2636 古代日本の官僚　虎尾達哉

1568 天皇誕生　遠山美都男
2371 カラー版 古代飛鳥を歩く　千田稔
2168 飛鳥の木簡―古代史の新たな解明　市大樹
2353 蘇我氏―古代豪族の興亡　倉本一宏
2464 藤原氏―権力中枢の一族　倉本一宏
2563 持統天皇　瀧浪貞子
2457 光明皇后　瀧浪貞子
2648 藤原仲麻呂　仁藤敦史
2452 斎宮―伊勢斎王たちの生きた古代史　榎村寛之
2441 大伴家持　藤井一二
2510 公卿《くぎょう》会議―論戦する宮廷貴族たち　美川圭
2536 天皇の装束　近藤好和
2559 菅原道真　滝川幸司
2281 怨霊とは何か　山田雄司
2662 荘園　伊藤俊一
2725 奈良時代　木本好信
2729 日本史を暴く　磯田道史

中公新書

日本史

中公新書

日本史

d3

- 2675 江戸―平安時代から家康の建設へ　齊藤慎一
- 476 江戸時代　大石慎三郎
- 2552 藩とは何か　藤田達生
- 2565 大御所　徳川家康　三鬼清一郎
- 2723 徳川家康の決断　本多隆成
- 1227 保科正之《ほしなまさゆき》　中村彰彦
- 740 元禄御畳奉行の日記　神坂次郎
- 2531 火付盗賊《ひつけとうぞく》改《あらため》　高橋義夫
- 853 遊女の文化史　佐伯順子
- 2376 江戸の災害史　倉地克直
- 2584 椿井文書―日本最大級の偽文書　馬部隆弘
- 2380 ペリー来航　西川武臣
- 2047 オランダ風説書　松方冬子
- 1958 幕末維新と佐賀藩　毛利敏彦
- 2497 公家たちの幕末維新　刑部芳則
- 1754 幕末歴史散歩　東京篇　一坂太郎
- 1811 幕末歴史散歩　京阪神篇　一坂太郎
- 2617 暗殺の幕末維新史　一坂太郎
- 1773 新選組　大石学
- 2040 鳥羽伏見の戦い　野口武彦
- 455 戊辰戦争　佐々木克
- 1235 奥羽越列藩同盟　星亮一
- 1728 会津落城　星亮一
- 2498 斗南《となみ》藩―「朝敵」会津藩士たちの苦難と再起　星亮一

中公新書

日本史

d4

- 2107 近現代日本を史料で読む　御厨　貴編
- 2554 日本近現代史講義　山内昌之・細谷雄一編著
- 2719 近代日本外交史　佐々木雄一
- 2011 皇　族　小田部雄次
- 1836 華　族　小田部雄次
- 2379 元老―近代日本の真の指導者たち　伊藤之雄
- 2492 帝国議会―西洋の衝撃から誕生までの格闘　久保田　哲
- 2528 三条実美《さんじょうさねとみ》　内藤一成
- 840 江藤新平（増訂版）　毛利敏彦
- 2051 伊藤博文　瀧井一博
- 2618 板垣退助　中元崇智
- 2550・2551 大隈重信（上下）　伊藤之雄
- 2212 近代日本の官僚　清水唯一朗
- 2294 明治維新と幕臣　門松秀樹
- 2483 明治の技術官僚　柏原宏紀
- 561 明治六年政変　毛利敏彦
- 1927 西南戦争　小川原正道
- 2320 沖縄の殿様　高橋義夫
- 252 ある明治人の記録（改版）　石光真人編著
- 161 秩父事件　井上幸治
- 2270 日清戦争　大谷　正
- 1792 日露戦争史　横手慎二
- 2605 民衆暴力―一揆・暴動・虐殺の日本近代　藤野裕子
- 2712 韓国併合　森万佑子
- 2509 陸奥宗光　佐々木雄一
- 2141 小村寿太郎　片山慶隆
- 2660 原　敬　清水唯一朗
- 881 後藤新平　北岡伸一
- 2393 シベリア出兵　麻田雅文
- 2269 日本鉄道史　幕末・明治篇　老川慶喜
- 2358 日本鉄道史　大正・昭和戦前篇　老川慶喜
- 2530 日本鉄道史　昭和戦後・平成篇　老川慶喜
- 2640 鉄道と政治　佐藤信之